SIMONE KERN

Der antiautoritäre Garten

GÄRTEN, DIE SICH SELBST GESTALTEN

KOSMOS

INHALT

Fingerhut – Vagabund in halbschattigen Gärten

Der Steppen-Salbei (Salvia nemorosa), eine heimische Salbei-Art, sucht sich gerne kiesige Standorte.

GARTEN-VAGABUNDEN

In vielen meiner Pflanzkonzepte liebe ich es, ganz bewusst mit sich selbst versamenden Arten zu arbeiten. Schon als Jugendliche erlebte ich im Garten meines Vaters diese „Vagabunden". Mir gefiel sein Grundstück sehr, nur konnte ich dieses Gefühl nicht an etwas festmachen. Da drückten in engen Spalten die Christrosen heraus und – deutlich später – hatten die Akeleien ihren Auftritt. Diese kreuzten sich im Laufe der Jahre munter untereinander und bildeten die wildesten Formen und Farben aus. Aber wenn im Frühling die unzähligen Krokusse in der Wiese blühten, dann durfte ich einen Besuch nicht versäumen. Natürlich sah sein Garten ganz und gar nicht so aus wie die Gärten ringsum, doch das störte meinen Vater wenig. Denn er machte unbewusst genau das richtige: Er förderte heimische und versamende Pflanzen und damit automatisch auch die Tierwelt, welche ihm genauso am Herzen lag. Das hat mich stark geprägt. Überdies sah ich, dass man sich auch mal zurückhalten muss, erst im richtigen Moment eingreifen darf und wie reduziert der Arbeitsaufwand dabei ist.
Aber ich lernte auch, dass man aufpassen muss. Einmal brachte mein Vater als Dekoration einen wunderschönen Samenstand des Riesenbärenklaus mit (damals sprach kaum jemand über invasive Arten). Was für ein Fehler! Durch die Samen verbreitete er sich im ganzen Garten. Es dauerte Jahre, bis wir dies Ungetüm völlig im Griff hatten.

Sehr wichtige Impulse geben mir heimische und fremde Landschaften, in denen ich mir Lieblingspflanzen am Naturstandort ansehe und erkenne, mit welchen Arten diese Pflanzen zusammen wachsen und harmonieren. Von dieser natürlichen Ästhetik solcher Pflanzengemeinschaften lerne ich erheblich. Im eigenen Garten habe ich schon lange viel übrig für „meine" Vagabunden. Nicht nur aus gestalterischen Gründen. Sie stellen mich aktiv immer wieder vor Gewissensfragen, gehen mit mir in „Kontakt": Darf ich bleiben oder muss ich weg? Als wollte sie mich prüfen, wuchs meine schönste Spornblume ausgerechnet zwischen einem Naturstein-Plattenweg, welcher zu meinem Gewächshaus geht. Ich kämpfte sehr lange mit mir, denn sie war mir schlicht im Weg, doch zugleich so schön. Also blieb sie! Alt wird sie ja nicht, das wusste ich. Wie zu erwarten war, versamte sie sich und heute leben ihre Nachkommen in einer Trockensteinmauer – und erfreuen mich!

Ich kann jeden Gartenbesitzer nur dazu ermuntern, diese Pflanzenarten auszuprobieren und sich auf die Interaktion einzulassen. Es bereichert, lehrt einen, die kleinen Dinge zu entdecken – auch Tiere –, genau hinzusehen und sich selbst dabei zu entschleunigen.
Ein nicht unerheblicher Aspekt ist zudem, dass Pflanzen, welche sich selbst ihren Lebensraum suchen, schlicht perfekt auf ihren Standort angepasst sind und deshalb minimale Pflege benötigen, geschweige denn Gießaufwand. Sie sind damit ideal für „pflegeleichte" Gärten. Allerdings benötigt man ein paar Informationen, wie es geht, welche Pflanzen passen, aber auch wie viel Spaß das macht! Dazu soll dieses Buch animieren.

Simone Kern

GÄRTEN IN BEWEGUNG

— vom Winde verweht

PHILOSOPHIE

Ein antiautoritärer Garten – geht das überhaupt oder ist dies nicht ein Widerspruch in sich? Und was verbirgt sich dahinter? Ein solcher Garten ist schön, ökologisch und zeitsparend.

Gärten bildeten früher den Gegensatz zur „wilden, ungezähmten Natur“. Sie waren ein Ort der Sicherheit und Geborgenheit. Doch in Zeiten, wo in unserer Landschaft kaum noch Wildnis zu finden ist, steigt bei vielen Menschen der Wunsch nach dem Unberührten, dem sich selbst Überlassenen. Und warum sollte man nicht ein Stück Wildnis direkt vor der Haustür, im eigenen Garten, als Gegenwelt gestalten?

UNGEZÄHMTER GARTEN

Unser Leben ist stark geregelt, der Alltag wirkt oft statisch und auch scheinbar berechenbar. Das schreit geradezu danach, sich Lebensbereiche zu schaffen, in denen genau das Gegenteil passiert, wo wir uns an Zufällen und Dynamik, an Begegnungen und Entdeckungen erfreuen können. Und genau dies kann uns ein antiautoritärer Garten bieten, das macht seinen Reiz aus. Denn dieser Garten ist in einer permanenten Veränderung, die weniger durch den Gärtner entsteht als vielmehr durch die Pflanzen selbst. Dieser Garten verlangt von seinem Besitzer einiges ab, vor allem Toleranz für das Ungeplante – was aber nicht verwechselt werden darf mit Nichtstun. Genaue Beobachtungsgabe und der Versuch, Zusammenhänge zu verstehen, gehören auch dazu.

GENAU HINSCHAUEN

So sollte der Gärtner oder die Gärtnerin zunächst in eine Interaktion mit dem Garten gehen. Stärker noch als in einem klassischen Garten müssen wir hier genau beobachten, welche Pflanzen sich an welchen Plätzen besonders wohlfühlen und überlegen, wie wir diese Arten sogar noch fördern können. Der erste Schritt für diese Art des Gärtnerns liegt also nicht im aktiven Tun, sondern im Sehen und Erkennen. Das kann durch einen langsamen und aufmerksamen Garten-Spaziergang erfolgen, bei dem wir unsere Gedanken schweifen lassen. Wichtig ist aber, den Garten über eine längere Zeitspanne zu betrachten, auch uns selbst dafür genügend Zeit zu nehmen und vor allem dem Garten genügend Zeit zu geben. Und das ist oft schwieriger als gedacht. Denn wir werden im Alltag permanent aufgefordert, aktiv zu sein, zu reagieren – und das schnell. Sowohl privat als auch beruflich. Im Garten funktioniert das nicht! Hier werden wir gezwungen abzuwarten!

WACHSEN LASSEN

Und aus dieser Erkenntnis heraus kommt der zweite Schritt: Den Pflanzen die Freiheit zuzugestehen, sich dort anzusiedeln, wo es ihnen gefällt und wo ihre Lieblingsplätze sind. Dort wachsen sie dann im wahrsten Sinne standortgerecht. Und durch eine besondere Auswahl an Pflanzen, welche Dynamik als Potenzial in sich tragen, kann man diesen Prozess anstoßen, damit der „antiautoritäre Garten“ sich aus sich selbst heraus entwickeln kann. Dies spiegelt die daoistische, philosophische Haltung der Mühelosigkeit „Wu Wei“ wieder: Die wesentlichen Dinge geschehen von allein, und es ist schon viel getan, wenn wir ihnen nicht im Wege stehen. Versuchen wir doch dies vom Garten ausgehend in unser Leben eindringen zu lassen.
So wie es auch im Daodejing bereits stand:
„Handle nicht – und doch bleibt nichts ungetan.“

Zweijährige blühen und fruchten innerhalb weniger Monate. Im nächsten Jahr keimt die neue Generation.

WASSER – DAS LEBENSELIXIER

Klimatisch hat sich in den letzten Jahrzehnten viel geändert. So gibt es große Gebiete in Deutschland, in denen es zwar insgesamt deutlich weniger Niederschläge gibt, manchmal aber kurzzeitig umso stärkere Regenfälle zu verzeichnen sind. Und in anderen Regionen, vor allem im Voralpenland, regnet es sogar mehr als früher.

Wasser ist das Lebenselixier schlechthin. Es ist zu kostbar, als dass wir mit ihm sorglos umgehen dürfen. Aber ganz ohne Wasser geht nichts, und das betrifft im Garten in erster Linie unsere Pflanzen. Inwieweit kann man durch sinnvolle Gartengestaltung und Pflanzenverwendung den Wasserverbrauch reduzieren?

Legen wir zukunftsweisende Gärten an, müssen wir uns mit der Thematik Wasser auseinandersetzen. Dies betrifft zum einen ganz direkt den Verbrauch, aber auch die daraus resultierenden Kosten. Tägliches Wässern wird bald Geschichte sein. Und Wasser ist zu schade, um es einfach nur zum Wässern eines Rasens zu nutzen.

Zudem weiß jeder Gartenbesitzer, dass ausgerechnet das Gießen von Gartenpflanzen zum Dauerstress werden kann und viel Zeit beansprucht. Dies beginnt bei intensiver Trogbepflanzung und endet damit, dass man sich sogar in seiner Urlaubsplanung so organisiert, dass die Blütenpracht im Garten keinen Schaden erleidet. Pflegeleicht ist das kaum.

Es gibt allerdings genügend Gewächse, die auch an extreme Situationen wie Trockenheit angepasst sind. Sinnvolle Perspektiven bieten uns Pflanzen, welche ohne viel Aufsehen, mit wenig Wasser selbst an widrigen Standorten gesund wachsen: Dies sind meist unkomplizierte, natürliche Arten. Sie erhalten sich gut auch ohne großes Zutun selbst und breiten sich oftmals selbst aus.

ÖKOLOGISCH GÄRTNERN

Gärten, die nach ökologischen Gesichtspunkten angelegt werden, erfüllen vielfältigste Aufgaben, die wohl in Zukunft umso wichtiger sein werden. Private Räume sind immer mehr Lebensraum und Rückzugsort für Flora und Fauna, aber auch für uns. Durch die richtige Anlage, Pflanzenauswahl und die Schaffung von Gartenstrukturen leisten Gärtner einen aktiven Beitrag zum Artenschutz.

Lebendige und dynamische Pflanzenverwendung setzt einen Kreislauf voraus. Die Pflanzen, mit denen wir uns in diesem Buch beschäftigen, funktionieren nur in dieser Vernetzung: passender Standort – Blüten – Insekten – Bestäubung – Samenbildung – Verbreitung durch Vögel und andere Tiere. Und schnell erkennt man auch, welch Win-win-Situation wir damit haben: Als Gartenbesitzer erfreuen wir uns an den vielfältigsten Blüten und unterschiedlichsten Insekten wie Wildbienen oder Schmetterlingen, welche Nektar und Pollen sammeln. Bei ihrer Nahrungssuche erfolgt für sie unbemerkt die Bestäubung der Blüten, welche dann bei passender Witterung Samen ansetzen, und zwar im Überfluss. Gerne dürfen da auch Tiere zugreifen, denen diese

Vielfältige Natürlichkeit ohne großen Wasserverbrauch

Vögel wie Distelfinken profitieren von der Samenfülle.

Wo Königskerzen wachsen, muss man nicht gießen.

Samen als Nahrung dienen. Sie verschleppen die Samen, lassen sie aus Versehen auch fallen oder verstecken sie. Nicht an alle werden sie sich erinnern, und so tauchen später Pflanzen an unerwarteten Stellen im Garten wieder auf. Einige Ameisenarten beispielsweise haben eine Sammelleidenschaft für Samen entwickelt und verteilen diese. Meist allerdings tragen sie sie in ihren Bau, wo sie ihnen als Nahrung dienen.

Der größte Teil aller winzigen Samen wird aber durch Wind verteilt oder sie fallen einfach direkt aus den reifen Samenständen. Deshalb finden sich oft aussamende Arten in einem überschaubaren Radius um die Mutterpflanze.

SAMEN ALS NAHRUNGSQUELLE FÜR TIERE

Vom Sommer bis in den Herbst findet man an verblühten Blüten Vögel wie Finken, die große Liebhaber der kleinen Staudensamen sind. Und so wird man an der Wilden Karde, welche zu den Disteln gehört, im Spätsommer sicher den einen oder anderen Distelfink entdecken. Andere Tiere hingegen, wie Bilche, Mäuse und verschiedene Vogelarten, sind darauf angewiesen, im Herbst Samen zu sammeln und für den Winter als Futtervorrat zu verstecken – im Boden oder unter Steinen. Meistens deponieren die Tiere viel mehr als sie letztendlich fressen oder sie vergessen, wo sie das Futter versteckt haben.

SO VERMEHREN SICH PFLANZEN

Im Reich der Pflanzen bilden Blütenpflanzen eine eigene Gruppe. Andere Pflanzen wie Moose oder Farne haben im klassischen Sinne keine Blüten, um sie soll es hier weniger gehen. Man kann Blütenpflanzen in krautige und verholzte Arten unterteilen.

Beiden Gruppen ist eines gemeinsam: Sie vermehren sich hauptsächlich durch Samen, auch Bäume und Sträucher. Allerdings haben sie im Laufe der Evolution unterschiedlichste Strategien dazu entwickelt.

GEHÖLZE: DYNAMIK VERSUS STATIK

Gehölze wachsen langsam, verholzen und werden mitunter sehr alt. Deshalb müssen sie auch nicht in kürzester Zeit so viele Samen wie möglich ausbilden. Im Laufe eines langen Baumlebens wird es genügend Sommer geben, in denen für Nachwuchs gesorgt werden kann. Gestalterisch bringen Bäume und Sträucher etwas Statisches mit sich: Einmal an einen Platz gesetzt, werden sie wachsen, aber im Normalfall nicht abwandern. Sie sind berechenbar. Am Rande bemerkt: Ohne Ausnahme auch keine Regel. Es gibt unter den Gehölzen auch andere Arten der Vermehrung, beispielsweise Absenker, doch sind diese selten.

STRATEGIEN SICH STARK VERSAMENDER PFLANZEN

Im Laufe der Evolution sind Blütenpflanzen entstanden, die innerhalb weniger Wochen unzählige Samen ausbilden. Das hat seinen Sinn: Diese Pflanzen leben meist nur recht kurz und oft in schwieriger Umgebung – auf nährstoffarmen, durchlässigen Böden oder in Gegenden mit geringen Niederschlägen. Deshalb sind die Samen auch nicht selten über mehrere Jahre keimfähig, immer in Lauerstellung, bis wieder Regen fällt. Und ist ein Standort noch so unwirtlich, so birgt dieser meist ein hohes Potenzial, nämlich wenig Konkurrenzdruck durch andere Pflanzen. Somit können sich die aufkeimenden Pflänzchen ungehindert entwickeln.

Zudem existieren in der Natur Flächen, die sich durch Umwelteinflüsse verändern. Auch darauf müssen Pflanzen reagieren. Da sie sich nicht wie Tiere bewegen können, funktioniert dies nur über Versamung. Auf diese Art und Weise ziehen sie weiter in Bereiche, wo sie wieder für sich passende Standorte finden. Verbuscht beispielsweise eine Fläche, wird also schattiger, verschwinden lichthungrige Pflanzen und entwickeln sich bei rechtzeitiger Versamung an einem anderen, zusagendem Platz weiter.

SAMENAUSBILDUNG DURCH STRESS

Bei einem einmaligen Ereignis, beispielsweise starke Trockenheit in einem Sommer oder Nährstoffmangel, werden Pflanzen Stress ausgesetzt. Sie reagieren darauf dann mit einer deutlich stärkeren Samenausbildung. Denn aus Panik und Angst abzusterben, produzieren sie noch schnell so viele Nachkommen wie möglich. Sie blühen aus Not, manchmal sogar zu Zeiten, wo Pflanzen gar nicht mehr blühen sollten. Deshalb nennt man dieses Verhalten auch Notblüten und die Früchte dazu Notfrüchte. Dieses Wissen kann man sich zunutze machen und diese Samenbildung künstlich hervorrufen. Langfristig ist dies jedoch nicht gesund für die Pflanze.

Unterschiedlichste Strategien der Samen-Verbreitung, ausgelöst durch Wind oder auch mechanische Berührung

Zusammenfassend und vereinfacht kann man sagen, dass es drei natürliche Gründe für eine starke Samenbildung gibt: Kurzlebigkeit, extreme Wuchsstandorte und Stress.

SAMEN IST NICHT GLEICH SAMEN

Wenn wir im antiautoritären Garten die Zügel loslassen und der natürlichen Samenverbreitung mehr oder weniger freien Lauf lassen wollen, sollten wir uns vorher klarmachen, dass sogar Samen ihre eigene Dynamik und Strategie besitzen. So gibt es Samen, die sich auf die Verbreitung durch Tiere verlassen – sei es durch das Einsammeln als Futter oder indem sie über größere Distanzen sozusagen als Beigepäck im Tierfell mitwandern. Diese Samen können klebrig sein, bekannt ist hier die Klette. Beide Strategien sind zwar interessant, aber kommen für eine Gartengestaltung eher nicht infrage.

Windausbreitung ist die ursprünglichste Form der Ausbreitung von Pflanzen. Dafür müssen Samen mit besonderen Flugmechanismen aufweisen, damit der Wind sie mitnehmen kann. Da gibt es kleine Schirmchen wie bei Löwenzahn oder zarte Federschwänze wie bei Weidenröschen. Flauschige Hüllen um die Samen wie bei der Küchenschelle sollen nur den einen Effekt haben, sich so weit als möglich zu verbreiten. Es gibt auch Sprungmechanismen, die durch Berührung ausgelöst werden wie bei Springkraut, wo der Samen regelrecht wegkatapultiert wird. Warum eigentlich so weit weg? Und wofür dieser Umstand? Damit Tochterpflanzen und Mutterpflanze nicht irgendwann in Konkurrenz treten. Die für Gartengestaltung am besten zu verwendende Strategie ist jedoch diejenige, bei der Tausende von Samen in einer Art Kapsel sind, welche wie ein Salzstreuer funktionieren. Diese sogenannten Balgfrüchte sitzen auf einem aufrechten Stängel und haben Öffnungen. Werden sie im Wind oder durch Berührung in Bewegung gesetzt, beginnen sie zu wackeln, dann fallen die Samen aus ihnen heraus und verteilen sich in der näheren Umgebung. Bei Wind werden sie noch etwas verteilt, aber nicht in dem Maße, wie wenn sie spezielle Flügelchen hätten.

KEINE ANGST VOR AUSLÄUFERN

Viele Stauden werden lediglich im Laufe der Zeit langsam radial größer, bleiben aber an Ort und Stelle, sind kalkulierbar. Dieses Wuchsverhalten nennt man horstig. Dann finden wir im Pflanzenreich aber auch solche, die mit ihrem ausgedehnten Wurzelwerk, den Wurzelausläufern, beginnen, unterirdisch großflächig ganze Gartenpartien einzunehmen. Das kann so weit gehen, dass aus einer kleinen Wurzel im Erdreich ein riesiges, nicht wieder rückkehrbares Dickicht entsteht. Es ge-

VERMEHRUNGSARTEN

Pflanzen haben verschiedene Methoden und Absicherungen entwickelt, um sich fortzupflanzen. Dabei gibt es zwei grundlegend sich unterscheidende Ansätze: die generative Vermehrung, welche geschlechtlich ist und über Saatgut funktioniert; und eine ungeschlechtliche, welche vegetativ genannt wird. Hierbei werden Teile einer Pflanze in unterschiedlichster Form von der Mutterpflanze getrennt – spontan oder durch Fremdeinwirkung. Die daraus entstehenden Tochterpflanzen sind völlig selbstständige Individuen und haben genau dasselbe Erbgut wie die Mutter.

hört viel Erfahrung und Gespür dazu, diese Art von Pflanzen bewusst und richtig im Garten zu verwenden. Sie sind sehr anhänglich – einmal da, wird man sie nicht mehr los!
Eine etwas abgeschwächte Form finden wir in oberirdischen Ausläufern, den Stolonen. Dabei bilden Pflanzen völlig identische kleine Jungpflanzen aus, welche zunächst nabelschnurgleich an der Mutterpflanze hängen, zum Beispiel bei Erdbeeren. Berühren die jungen Pflänzchen den Boden, wachsen sie schnell an und bilden einen beachtlichen Bestand. Also auch diese verbreiten sich, aber eben nicht unbemerkt unter der Erde, und können damit, wenn erforderlich, relativ einfach in Zaum gehalten werden.

Akeleien sind gute Wanderer im Garten – sie werden nicht lästig.

Erdbeeren haben typische, sichtbare oberirdische Ausläufer.

Unter der Erde vermehrt sich die Quecke mit Wurzelausläufern.

Durch die Bestäubung von Insekten setzen Blühpflanzen Samen mit unterschiedlichsten Samenständen an.

Die ausbreitungsstarke rosafarbene Herbst-Anemone ist ein unersetzlicher Hingucker im Herbst.

In fast jeden Garten finden wir sie, Bereiche – meist weitab vom Tagesgeschehen –, mit denen wir wenig Arbeit haben wollen, die ansehnlich sein und trotzdem in sich funktionieren sollen. Das kann unter Gehölzen sein oder an Böschungen. Eigentlich würden wir diese Gartenareale am liebsten einfach sich selbst überlassen. Dort sollen die Pflanzen wachsen, ja fast wuchern. Und genau deshalb können wir hier Stauden mit Wurzelausläufern einsetzen. Aber wie helfen sie uns dabei und welche Strategie steckt dahinter? Der Stärkere gewinnt. Denn diese Stauden sind in der Lage andere zu verdrängen. Dies können wir also gezielt einsetzen und ins Positive uminterpretieren. Ein anschauliches Beispiel hierfür liefert die rosa blühende Herbst-Anemone (*Anemone tomentosa* 'Robustissima'). Sie breitet sich langsam über ihre Wurzeln aus. Einmal etabliert, erobert sie sich Stück für Stück ihren Lebensraum, und dort ist sie auch nicht mehr zu vertreiben. Andererseits ist sie robust – ihr Name verrät es schon – blüht schön und benötigt keinerlei Pflege: eine ideale Pflanze für halbschattige, untergeordnete Partien im Garten. Und sie ist so wüchsig, das nicht einmal konkurrenzstarke Gräser wie die Kriech-Quecke ihr etwas antun können.

ZWIEBELN UND KNOLLEN OHNE ENDE

Botanisch gesehen sind Knollen, genau genommen Sprossknollen, unterirdische, stark verdickte Sprossabschnitte. Im Gegensatz dazu sind Zwiebeln umgewandelte Niederblätter. Beides sind keine Wurzeln, sondern pflanzliche Speicherorgane. Sie mussten sich im Laufe der Evolution an ihre umgebende Landschaft so anpassen, um längere Zeiträume mit sehr wenig Wasser oder starker Kälte überstehen zu können. Und so bildeten

Schneeglöckchen bilden über die Jahre dichte, schöne Bestände.

diese Pflanzen eine Strategie aus, um solche Perioden überbrücken zu können. Sie speichern Energie und Wasser in starken Verdickungen, überwiegend unter der Erdoberfläche. Doch damit nicht genug: Die Zwiebeln und Knollen dienen zudem der vegetativen Vermehrung. So bilden Zwiebeln sogenannte Tochterzwiebeln. Dabei lösen sich von der Haupt-Zwiebel schuppenartig kleine Zwiebeln ab, die das völlig identische Erbgut haben. Vor allem bei Frühlingsblühern wie den Schneeglöckchen ist das gut zu beobachten. Lässt man ihnen ihre Zeit, wird in nur ein paar Jahren aus vereinzelten Pflänzchen ein dichter Bestand entstehen.
Eine Kuriosität bei den meisten Zwiebelpflanzen: Sie wandern im Laufe der Jahre immer weiter in die Tiefe, bis zu einem Zentimeter pro Jahr. Deshalb nennt man sie auch „Zugzwiebeln". Sie sind der Grund dafür, weshalb man sich oftmals so schwer beim Ausgraben alter Zwiebelbestände tut.

Tochterzwiebel geschützt in der „Mutterzwiebel" (links) und Montbretien-Knollen, die ihre Zöglinge perlschnurartig bilden (rechts)

So schön mächtige Kandelaber-Königskerzen sind, sie leben als klassische Zweijährige nur kurz. Doch sie versamen sich zuverlässig.

Die Vermehrung durch Knollen erfolgt ein bisschen anders als über Zwiebeln: An der großen „Futterknolle" bilden sich kleine Knollenableger, welche wie an einem Faden an ihr hängen und noch in Verbindung sind. Und diese meist zu Hauf! Es ist immer eine Gradwanderung zwischen einem schönen Blütenteppich und einem unwiderruflichen Dickicht. Dazu gehören Montbretien. So wunderschön sie auch blühen, fühlen sie sich wohl, vermehren sie sich über die Knollen massiv und quetschen sich in die noch so kleinste Ritze. Das kann jedoch manchmal auch zu viel des Guten werden.

Der Zitronenfalter saugt Nektar tief aus dem Tulpenblüten-Boden und bestäubt sie auf diese Weise: Blüten und Insekten als Win-win-Situation.

OHNE BESTÄUBUNG KEINE SAMEN

Mit Blütenpflanzen, welche auf Bestäubung angewiesen sind und somit Samen entwickeln, unterstützen wir blütenbesuchende Insekten und deren Wohl. Wenn wir wie selbstverständlich Samen einsammeln oder eine Pflanze sich „versamt", dann geht dem Ganzen ein spannender und teils sehr differenzierter Prozess voraus, welcher in der Blüte stattfindet. Dieser ist Teil einer sexuellen Fortpflanzung und wird charakterisiert durch die Verschmelzung zweier geschlechtlich unterschiedlicher Zellen. Die meisten unserer im Garten zu findenden Blütenpflanzen funktionieren nach diesem vereinfacht dargestellten Prinzip: In der Blüte, die sehr unterschiedlich ausgebildet sein kann, befinden sich Stempel und viele Pollen. Angelockt durch diesen und vielleicht auch durch süßen Nektar landen Insekten auf der Blüte und sammeln den Pollen als Nahrung ein. Dann fliegen sie zur nächsten Blüte der gleichen Art. Dabei übertragen Bienen und Co. unbewusst den Pollen zum Stempel der nächsten Pflanze. Das hat den großen Vorteil, dass auf diese Weise keine Inzucht stattfindet. Nach der Befruchtung bilden sich die Samen. Im Gegensatz zur ungeschlechtlichen Vermehrung, wo der Ableger mit der Mutterpflanze absolut identisch ist, entwickelt sich hier eine genetisch neue Pflanze. Und das macht den besonderen Reiz aus: Man weiß nie genau, was herauskommen wird. So kann sich dabei mal nur die Blütenfarbe oder auch ihr Aussehen verändern. Diesen Umstand machen sich Pflanzenzüchter zunutze, wodurch neue Sorten und Kreuzungen entstehen.

Um einen Fortbestand zu garantieren, muss eine Pflanze viele Samen ausbilden. Und je extremer ein Standort ist, desto mehr potenzielle Nachkommen stellt eine Pflanze bereit. Bevor der Samen auf den Boden fällt, wird er meist in einer entsprechenden Frucht bis zur endgültigen Reife gesammelt. Vor allem in Streufrüchten befinden sich massenhaft Samen, welche oftmals winzig klein sind. Dazu gehört Mohn, dessen Kapseln wie ein Aufbewahrungsbehältnis dient. Sind die Samen reif, öffnet sich bzw. platzt die Kapsel. Wie klein die Samen sind, zeigt der Mohn recht anschaulich: 1 g entspricht mehr als 1000 Samen.

Ein Muss für Einjährige: Blüten, Bestäubung und viele Samen

EIN- UND ZWEIJÄHRIGE – KURZE LEBENSDAUER

Möchte man im Garten mit besonders gut versamenden Arten arbeiten, dann braucht man etwas Wissen über deren Lebensweise und Standortansprüche. So gibt es Pflanzen, die nur ein oder zwei Jahre alt werden.

Einjährige Pflanzen müssen sich sputen, denn sie haben nur kurze Zeit, um sich komplett zu entwickeln. Sie müssen in wenigen Monaten keimen, wachsen, blühen und Samen für die nächste Generation ansetzen. Für die optimale Keimung benötigen sie einen offenen Boden mit guter Belichtung. Diese Bedingungen finden wir in unserer Landschaft traditionell auf von Menschen bewirtschafteten Äckern. Deshalb werden solche Pflanzen bei uns Ackerbegleitflor genannt, beispielsweise Kornblumen oder Ringelblumen, welche ganz besonders nützlich für unsere Insekten sind. Neben den heimischen Einjährigen, Annuelle genannt, gibt es noch viel Buntes aus anderen Regionen der Welt. Meist bedingt durch punktuelle und temporäre Niederschläge, stehen auch dort Pflanzen unter dem Druck, sich während einer kurzen Zeitspanne optimal zu entfalten.

Der Turnus Zweijähriger: Blattrosette im ersten Jahr, Blüten im zweiten mit vielen Samen, die Vögel mögen und verteilen. Aus den Samen entsteht die neue Generation.

Einige dieser Annuellen gedeihen bei uns gut, aber nur über den Sommer bis zum ersten Frost. Ein wenig mehr Zeit lassen dürfen sich die sogenannten Zweijährigen oder Biennen. Sie entwickeln im ersten Jahr die Pflanze, meist eine Rosette, und kommen erst im zweiten Jahr zur Blüte. Dann aber in voller Pracht. Bekannte Beispiele hierfür sind Stockrosen *(Alcea rosea)* oder Königskerzen *(Verbascum)*.

Eines ist diesen Pflanzen gemeinsam: Sie blühen extrem üppig und produzieren Samen im Überfluss. Da die Samen sehr klein sind, werden sie weit verstreut. Und was bedeutet dies für unseren antiautoritären Garten? All diese Arten sind perfekt für ihn geeignet. Denn sie haben ein extrem hohes Samenpotenzial, suchen sich ihre Lieblingsplätze selbst und sind sehr tierfreundlich.

EINE BEOBACHTUNGSREISE – PFLANZEN AM NATURSTANDORT

Fast alle unserer Gartenpflanzen sind ursprünglich Wildpflanzen – aus unseren Regionen oder aus fernen Ländern. Beim Wandern, beim Durchstreifen der Natur oder auf Reisen begegnen wir ihnen wieder.

Es ist spannend, aus dem Garten bekannte Pflanzen an ihrem angestammten Wuchsort zu sehen. Denn dies ist nun wirklich der Standort, an dem sie sich entwickelt haben und sich wohlfühlen. Wenn man diesen analysiert, kann man sehr viel über die Ansprüche dieser Pflanzen für die Verwendung im eigenen Garten ableiten. Das ist viel einfacher, als in reiner Theorie Fachliteratur zu studieren.
Im Folgenden werde drei Arten für die unendliche Schar an gartenwürdigen Wildpflanzen herausgegriffen. Zum einen der ausgesprochen beeindruckende Kalifornische Mohn, der für kurze Zeit ganze Landschaften in den USA orangegelb einfärbt. Er steht stellvertretend für all die versamungsfreudigen einjährigen Pflanzen. Dann werden Krokusse beschrieben, die vor allem in den Alpen massenhaft zum Blühen kommen. Diese zeigen die ganz besondere Strategie von Zwiebelpflanzen auf. Letztendlich wird mit dem heimischen Fingerhut ein typischer Zweijähriger in seinem Lebenszyklus und seiner Fortpflanzungsmethode vorgestellt.

EINJÄHRIG: KALIFORNISCHER MOHN

Eine ausgesprochen einnehmende Gestalt hat der Kalifornische Mohn *(Eschscholzia californica)*: Er erblüht in einem kräftigen Orangegelb, was in der Pflanzenwelt selten zu finden ist. Und dazu in Massen. Dieser Mohn, auch Goldmohn genannt, kommt aus Kalifornien. Die angestammte Heimat dieses Überlebenskünstlers ist geprägt durch starke Trockenheit – arides Wüstenklima. Niederschläge gibt es nur unzuverlässig, manchmal über Jahre nicht. Beginnt es aber zu regnen, keimt der Kalifornische Mohn sehr rasch, und die gesamte Gegend wird mit einem Blütenmeer überzogen.
Für solch eine Lebensweise müssen Pflanzen Strategien entwickeln, damit sie die Dürre überstehen. Der Goldmohn bildet Samen in Massen, die nach der Blüte auf den Boden fallen. Sie lagern über Jahre unangetastet im Erdreich, warten auf Regentage und erst dann entstehen neue Pflänzchen. Obwohl der Goldmohn aus einer

Kalifornischer Mohn ist ein unermüdlicher Dauerblüher im Sommer.

Kurz nach der Schneeschmelze blühen Krokusse in den Alpen.

ausgesprochen trockenen Gegend stammt, kommt er auch mit maritimem Klima zurecht. Bei uns im Garten erfreut er sich größter Beliebtheit. Denn auch hier samt er aus, allerdings nicht so stark. In Gegenden oder Jahren, wo der Winter nicht allzu extrem ausfällt, kann die eine oder andere Pflanze sogar mehrjährig sein. Er hat eine stark ausgeprägte Pfahlwurzel, was noch auf seinen Naturstandort rückschließen lässt. Dort muss sie sich von tief unten Wasser aus dem Boden ziehen.
Nachdem die oberirdischen Pflanzenteile abgestorben sind und der Saft in die Pfahlwurzel zurückgezogen ist, kann der Goldmohn bis maximal –10 °C überwintern oder starke Hitze überstehen. Danach treibt er wieder aus.
Am liebsten wächst der Goldmohn in sandiger, leicht lehmiger Erde, ja sogar im Kies gedeiht er gut. Auch trockene Steinanlagen eignen sich für ihn. Ansonsten mag es der Kailfornische Mohn gerne heiß und vollsonnig. Dann blüht er am besten. Seine Blüten öffnen sich nur bei Sonnenschein, sonst sind sie geschlossen. Obwohl bei uns nicht heimisch, ist er eine gute Bienenweide. Bestäubt werden die Blumen also von Insekten. Dann bilden sich Tausende von kleinsten Samen, welche durch den Wind verbreitet werden. Im Garten sät man ihn direkt dort an, wo er auch blühen sollte. Denn ein Umpflanzen verträgt er nicht. Willig samt er sich aber aus und erhält sich damit. Da er so viele Samen bildet und sich zudem gerne auf ruderalen Standorten ansiedelt, könnte er bei unsachgemäßer Aussaat in unserer Landschaft invasiv werden, was in Südamerika schon passiert ist. Deshalb sollte man stark darauf achten, dass die Samen nur in Siedungsbereichen verwendet werden. Im Garten darf er sich gerne ausbreiten, da hat man ihn im Auge, und durch einfaches, gezieltes Jäten bekommt man ihn gut in den Griff.

ZWIEBELPFLANZE: HEIMISCHE KROKUSSE

Krokusse sind Geophyten, das bedeutet Erdpflanzen. Natürlich wachsen sie nicht rein unter der Erde. Aber sie verbringen tatsächlich einen großen Teil ihres Pflanzenlebens komplett unter der Erde – als Zwiebel. Es gibt viele Arten von Wildkrokussen, die dementsprechend auch ein weit ausgedehntes Vorkommen haben: von den gemä-

Er liebt es sonnig, und da er so früh blüht, wenn noch nicht einmal Gras ausgetrieben ist, wirft keine konkurrierende Pflanze Schatten auf ihn. Dass er überhaupt so früh auftaucht, verdankt er wiederum seinem Speicherorgan: Denn in der Zwiebel ist schon alles im Jahr zuvor soweit vorbereitet worden, dass er, wenn es nach dem Winter zum Tauen kommt und warm wird, sofort loslegen kann. Er hat nicht viel Zeit. Denn noch bevor das Gras zu wachsen beginnt, muss er geblüht haben. Unzählige Krokusblüten, welche von weiß bis lila changieren, bedecken dann die noch braunen Bergmatten. Dies ist auch ein Leckerbissen für die ersten Hummeln: Sie suchen die orangegelben Pollen ab und bestäuben damit die Blüten. Die Blüten sind nur bei Sonne offen, die kleinste Temperaturveränderung reicht aus, dass sie sich sofort wieder schließen.
Kurz nach den Blüten haben sich auch die schmalen Blätter herausgeschoben. Kaum da, ziehen sie jedoch schon langsam wieder ein. Bevor das kurze, oberirdische Krokusjahr zu Ende geht, samen sie sich noch aus. Die riesigen Blütenteppiche entstehen einerseits aus Samen, welche sehr effektiv sogar zwischen der Grasnarbe zum Keimen kommen (es dauert aber ein paar Jahre, bis daraus ein blühender Krokus wird), andererseits entwickeln

ßigten Breiten Europas, über Teile Asiens bis ins nördliche Afrika. Die meisten Standorte sind eher durch Trockenheit und steinigen Untergrund geprägt, an denen die Zwiebel als wichtiges Speicherorgan zum Überbrücken widriger Zeit dient. Unser heimischer Krokus *(Crocus albiflorus)* muss sich allerdings nicht so sehr gegen Dürre wappnen, sondern eher den kalten Winter überstehen. Auch dazu dient ihm seine unterirdische Zwiebel. Man findet ihn auf sonnigen Bergwiesen im Alpenvorland, wo er kurz nach der Schneeschmelze in Massen zur Blüte kommt. Er hat hier einen idealen Standort für sich gefunden. Im Winter schützt ihn der Schnee vor zu starker Kälte und im Sommer, wenn steile Bergwiesen auch mal recht trocken werden können, hat er durch seine Zwiebeln einen eigenen Nährstoff- und Wasserspeicher.

Krokusse wurden schon früh kultiviert, beispielsweise in Klostergärten.

sich an jeder Zwiebel unter der Erde viele Tochterzwiebeln. Dadurch entstehen neben der Aussaat dicke Büschel an Krokuspflanzen. Da die Zwiebeln der Krokusse sehr langlebig sind, nehmen die Bestände stetig zu. Eine Veränderung seiner Umgebung, zum Beispiel durch starke Düngung oder Beschattung anderer Sträucher, macht den Krokussen schwer zu schaffen, was auch der Grund ist, dass es leider immer weniger blühende Naturwiesen gibt.

Neben den Wildbeständen in den Alpen gibt es noch große Krokusvorkommen in alten Klostergärten oder Parkanlagen, wie die berühmte Husumer Krokusblüte. Diese Krokusse sind aber keine wirklich heimisch wilden, sondern sie wurden bewusst vor Jahrhunderten gesetzt. Dies hängt mit dem Safran zusammen. Denn für die Gewinnung von kostbarem Safran benötigt man den Safran-Krokus. Leider wurden oftmals die falschen Krokusse gesetzt, die sich aber an ihrem neuen Standort sehr wohlfühlten und ohne menschliches Zutun mit der Zeit vermehrt haben. Solche Pflanzen sind ein Kulturrelikt, für die es sogar einen Fachbegriff gibt: Stinsenpflanzen.

Der Rote Fingerhut ist ein ganz besonderer Hummel-Magnet. Die Insekten legen mit ihrer Bestäubung die Grundlage für viele Samen.

ZWEIJÄHRIG: ROTER FINGERHUT

Der bei Verzehr tödlich giftige Rote Fingerhut *(Digitalis purpurea)* soll uns nur mit seinem Blütenreichtum erfreuen. Er ist wunderschön anzusehen, aussaatwillig und trotzdem etwas heikel. Passt ihm sein Standort nicht, geht er ein. Von Natur aus kommt er im südwestlichen Europa vor, sogar in Marokko ist er noch heimisch. Bestände in Amerika entstanden durch eingeschleppte Pflanzen. Bei uns fühlt er sich auf ganz speziellen und kurzzeitigen Ruderalflächen sowie gestörten Oberflächen wohl – nach einem Kahlschlag im Wald oder an Waldlichtungen im Fichtenforst. Und dies weist schon auf seine Vorlieben hin: Er mag es sauer und bevorzugt halbschattige Ecken. Der Fingerhut meidet kalkreiche Böden und sucht Bereiche mit viel organischem Humus. Bekommt er weniger Nährstoffe, dann bleibt er einfach etwas kleiner. Auch eine gute Wasserversorgung ist ihm wichtig, und so treffen wir ihn

Der zweijährige Fingerhut wächst gerne an lichten Standorten. Er gehört in unserer heimischen Flora zu den schönsten Wildpflanzen.

oftmals auch in eher ozeanisch, also niederschlagsreichen Regionen wie Norwegen oder Irland an. Der Fingerhut hat sich eine Nische gesucht. Da auf sauren Waldschlägen normalerweise nicht viel wächst, kann er sich ein wenig mehr Zeit lassen, die Konkurrenz ist gering. So bildet er im ersten Jahr zunächst eine kräftige Grundrosette aus, mit bodennah wachsenden Blättern. Gleichzeitig entsteht in dieser Phase eine kräftige Pfahlwurzel. Erst im zweiten Jahr schiebt er seine wunderschönen Blütenstände, die fast einen Meter hoch werden können, nach oben. Dann stirbt der Fingerhut ab – mit einem gigantischen Nachlass an Saatgut, welches noch über Jahre im Boden überdauern kann. Weil die Pflanze an sich aber nur zwei Jahre wächst und gedeiht, ist sie eine typische Zweijährige.

Spannend ist auch das Zusammenspiel mit Insekten: Im Rachen seiner Blüte hat der Fingerhut kleine Sperrhärchen, welche wie Türsteher nur die Bestäuber rein lassen, die für die Pflanze passen: Hummeln. Alle anderen müssen draußen bleiben. Als ganz besonderes Lockmittel für die pelzigen Wildbienen dienen neben der Blütenfarbe vor allem Flecken auf der Blüte, welche Staubbeutel imitieren. Den Hummeln bleibt nichts anderes übrig, als in die Blüte hineinzukriechen. Deshalb heißen diese Blüten auch „Einkriechblüten". Um eine Fremdbestäubung sicherzustellen, also Inzest zu verhindern, blüht der Fingerhut an seinem Blütenstängel langsam von unten nach oben. Staubbeutel und Griffel sind nie gleichzeig reif.

Optisch ist der Fingerhut ein Traum, ihm gestalterisch seinen Willen aufzuzwängen ein Albtraum. Er gehört klar zu den Pflanzen, die sich ihren Standort selbst suchen und sich dort dann auch zufrieden und zu mehreren gut entwickeln. Versetzt man einen Fingerhut im ersten Jahr, wird er im zweiten Jahr nicht so gesund und vital wachsen wie eine Pflanze, die sich ihren Platz selbst ausgesucht hat. Gezielte Ansaat ist bei dieser hübschen Staude ganz sicher die beste Möglichkeit – ein Versuch ist es auf alle Fälle wert.

GESTALTUNGSIDEEN

& Pflanzkombinationen

01

02

KLASSISCHE STAUDENBEETE

Auch auf normalen Gartenböden können wir mit dem Zufall arbeiten, vorausgesetzt wir verwenden die passenden Pflanzen. Wer noch nicht so mutig ist, für den sind diese Beete ein guter Anfang

VON DER STATIK ZUR DYNAMIK

Klassische Staudenbeete im Garten zeichnen sich meist durch recht nährstoffreiche, eher lehmige Böden aus, welchen in guter Gärtnertradition über Jahre Kompost oder anderes organisches Material zugeführt wurde. Beetstauden, wie Rittersporn oder auch der Hohe Gartenphlox, benötigen solche Böden, um sich gut zu entwickeln. Einmal gepflanzt, wachsen sie dort kräftig und üppig, verlassen im Normalfall ihren festgelegten Platz nicht und werden nur von Jahr zu Jahr größer. Sie wirken dadurch oftmals sehr dominant, es fehlt ihnen meist eine gewisse Leichtigkeit. Um diesen Eindruck umzuwandeln, kann man ohne großen Aufwand in einem bestehenden Beet etwas nachhelfen, indem man einen geschlossenen Bewuchs ausdünnt.

Dazu muss man sich im ersten Schritt entscheiden, welche Struktur, also welche größere Stauden man belässt und von welchen man sich löst. Das nun eher lockere Pflanzengerüst sollte aus Beetstauden bestehen, welche fast ganzjährig attraktiv sind. Wichtig ist, dass sie standstark sind – man nennt sie Gerüststauden.

Zwischen den Lücken kann man nun beginnen, mit Vagabunden zu experimentieren. Dazu eig-

03

nen sich nur Arten, die auch etwas nährstoffreicheren Boden vertragen. Und das sind nicht allzu viele. Da dies ein Verändern im Bestand ist, funktioniert eine Ansaat meist nicht. Denn die konkurrierenden Stauden sind meist schon so hoch, dass Saatgut aus Lichtmangel nicht keimt oder die kleinen Keimlinge sich nicht entwickeln können. Man sollte deshalb mit Initialpflanzen arbeiten, die sich, wenn es der richtige Standort für sie ist, im Laufe der Zeit durch Selbstaussaat vermehren werden. Andere verlieren den Kampf und verschwinden wieder. Außerdem sollte man die gerüstbildenden Prachtstauden im Auge behalten: Sie dürfen nicht zu groß werden.

01 Luftige Kombination aus dunkelviolettem Steppen-Salbei, pinken Präriemalven und Federgras

02 Natürlich wirkendes Beet mit Fingerhut, Akelei und Katzenminze

03 Üppiges Staudenbeet mit Edel-Pfingstrose, Steppen-Salbei, Storchschnabel, Spornblume 'Albus', Rittersporn, Knautie und Berg-Flockenblume.

BEI AKELEI WIRD ZUFALL GROSS GESCHRIEBEN

Die Akelei hat es verdient, dass man ihr einen besonderen Platz einräumt: Sie ist ein perfekter Vagabund. Kein Garten ist zu klein oder zu problematisch, kein Gartenbesitzer zu unerfahren: Akeleien funktionieren fast immer. Denn gerade auf normalen Gartenböden gedeiht sie bestens wie von selbst – und das von Sonne bis Halbschatten. Wegen ihrer Pfahlwurzel verträgt sie aber auch eine gewisse Trockenheit. Ist ein bestehendes Staudenbeet nicht zu dicht bepflanzt, kann man punktuell ein paar neue Akeleien dazwischensetzen. Sobald diese Mutterpflanzen Samen angesetzt haben und diese irgendwo nur ein paar Zentimeter offenen Boden finden, breiten sich die Akeleien sicher weiter aus. Die einzelnen Akeleipflanzen werden nicht sehr alt, was sie aber durch ihre Unmengen an Samen wieder wettmachen. Zudem keimen sie willig. Deshalb lohnt es sich, etwas zu experimentieren, zum Beispiel von einer abgeblühten Staude die Samen zu ernten und an anderer Stellen im Garten auszustreuen. Schon nach einigen Wochen kann man die ersten kleinen Jungpflanzen entdecken. Zum Blühen werden sie aber erst ab dem zweiten Jahr kommen.

Im Laufe der Zeit können sich fast wiesenartige Bestände entwickeln, wenn sie Platz zum Keimen finden. Werden allerdings konkurrierende Stauden zu dicht und kräftig, kann es passieren, dass die zwar vitale, aber doch sehr zarte Akelei wieder verschwindet. Deshalb sollte man ihr, wenn man sie länger im Garten behalten möchte, immer mal wieder Platz und offenen Boden geben, indem man gezielt andere Pflanzen etwas reduziert. Manchmal kann es aber auch zu viel des Guten werden. Dann muss man rechtzeitig die noch nicht ganz ausgereiften Samenstände entfernen,

01

02

03

04

bevor sie sich verbreiten können. Bei neuen Beeten und Anlagen, auch ungünstigen Gartensituationen, lohnt es sich immer, Akeleisamen zu streuen: Passt der Standort, keimen sie zuverlässig. Je nachdem, wie man das Saatgut verteilt hat, stehen die Keimlinge manchmal zu eng. Das ist nicht dramatisch, da sie sich in dem Stadium leicht durch gezieltes Zupfen entfernen lassen.

VIELFALT AN FARBEN UND FORMEN

Spannend ist zudem die riesige Vielfalt an Akeleien: da ist die heimische, kurzspornige Akelei *(Aquilegia vulgaris)*, die wir in einem harmonischen Farbspektrum von fast weiß bis lila finden. Das Spektrum wird noch durch einen Zufallsfund erweitert: 'Nora Barlow'. Die Enkelin von Charles Darwin, Nora Barlow, entdeckte diese *Vulgaris-* Hybride in ihrem Garten in England. Dort fand die Sorte schnell viele Anhänger und ist seitdem aus dem Sortiment nicht mehr wegzudenken. Sie läuft zwar unter gefüllter Akelei, ist

01 Die dunkle Akelei 'Black Barlow' sollte man mit hellen Stauden kombinieren, hier mit Wilder Möhre und Engelwurz, damit ihre Farbe zur Geltung kommt

02 Akeleien schaffen eine filigrane Atmosphäre. An schwierigen Orten, wie am Fuße von Bäumen, wo andere Pflanzen versagen, wachsen sie oft gut.

03 Frühsommer ist der Blühhöhepunkt der Akeleien. Unterschiedlichste Farben und Formen passen gut zusammen. Sie ergeben ein harmonisches Bild

04 Man könnte meinen, die Sorte 'Nora Barlow' sei gefüllt und damit steril – ist sie aber nicht. Mit der Zeit entstehen im Garten durch Kreuzungen die interessantesten Varianten.

Weiße Strauchrosen mit violettblauer Katzenminze (Nepeta × faassenii 'Six Hills Giant') und blauer Akelei bilden die farbliche Grundstimmung. Durch vagabundierende, gelbe Nachtkerzen (Oenothera tetragona 'Erica Robin') entsteht ein spannungsvolles Bild.

aber nicht steril, und wird sehr wohl von Insekten angeflogen. Pflanzt man beide *Vulgaris*-Arten im Garten, kreuzen sich diese und entwickeln die interessantesten Blütenformen und Farben. Zudem gibt es auch noch die aus Nordamerika stammende Langspornige Akelei *(Aquilegia caerulea)*, welche die Farbpalette mit Reinweiß, Gelb und rötlichen Tönen ergänzt. Leider ist sie eher kurzlebig und verschwindet oft wieder. Allen Akeleien ist eines gemeinsam: Sie werden von Hummeln und Wildbienen geliebt. Zum einen besitzen sie viele Pollen, aber vor allem befindet sich in den Spornen süßer Nektar. Dieser wird gerne der Einfachheit halber von außen ausgesaugt.

MIT BLÜTENFARBEN UND FORMEN GESTALTEN

Gestaltungsprinzipien sind allgemeingültig – egal ob in der klassischen Staudenverwendung oder im antiautoritären Garten.

DIE VERWENDUNG VON FARBEN

Helle Farben, wie Weiß oder Gelb, kommen dem Betrachter entgegen, wohingegen blaue oder lila Blüten aus der Ferne betrachtet eher verschwinden. Deshalb sollten blau-violette Pflanzen eher im Vordergrund eines Beetes, in Terrassennähe oder an einem lichten Platz stehen. Kombiniert man diese mit weißen oder hellgelben Farbtönen, dürfen sie wieder etwas nach hinten rücken. Zudem hat jede Farbe eine bestimmte Wirkung: Blau ist frisch und kühl, Orange eher warm und Gelb wirkt heiter. Und auch wenn der spontane Garten oftmals sehr zufällig wirkt, bei der Farbauswahl von Blühpflanzen sollte man sich dessen bewusst sein. Je weiter ein Beet etwa vom Geschehen, der Terrasse oder einem Weg, entfernt ist, desto mehr sollte man aus sich heraus leuchtende Farben einsetzen. Werden diese dann mit eher zurückhaltenden Farben kombiniert, ergibt sich ein spannendes Bild. Zudem bringen helle Farben Tiefe in ein Staudenbeet.

Auch der Hintergrund einer Pflanzung spielt eine Rolle. Vor einer weißen Hauswand darf man getrost mit etwas dunkleren Farben arbeiten. Von fast jeder Art gibt es passende Sorten – heller oder dunkler, wie beispielsweise die blau oder je nach Sorte weiß blühende Pfirsichblättrige Glockenblume *(Campanula persicifolia)*.

DAS SPIEL MIT FORMEN

Neben der Farbwirkung kann man abgeleitet von der klassischen Staudenplanung auch den Kontrast von Blütenform und Blütenständen gezielt einsetzen. Stellt man straff aufrechte, senkrecht wachsende Blütenkerzen einer weichen, leichten Struktur gegenüber, entsteht ein spannungsvolles Bild. So verkörpern längliche Blütenstände, wie vom Weidenröschen *(Epilobium angustifolium)*, neben der halbkugelförmigen Witwenblume *(Knautia macedonica)* einen schönen Gegensatz. Auch kontrastieren größere, tellerförmige Blüten, wie von einem Roten Sonnenhut *(Echinacea purpurea)*, mit der kugelförmigen Blüte einer Kugeldistel *(Echinops ritro)*.

Zudem sollte der Wuchs einer Pflanze betrachtet werden. Setzt man eine eher kompakte, rundlich wachsende Staude, wie eine Katzenminze *(Nepeta × faassenii)*, neben den lockeren, fast wilden Wuchs einer Nachtkerze *(Oenothera tetragona)*, stärken sie sich letztendlich gegenseitig in der Gestaltung. Doch viele vagabundierenden Pflanzen sind eher zart und tuffig in ihrem Erscheinungsbild. Sie legen damit über eine feste und klare Beetstruktur eine Art Schleier und verleihen der Pflanzung eine zierliche Natürlichkeit.

Dunkles Blau wird durch Weiß und Gelb kontrastreich betont.

Vor kerzenartigen Blüten des Weißen Weidenröschens (Epilobium angustifolium 'Album') schweben die purpurroten Blütenbälle der Witwenblumen (Knautia).

ECHTE ENGELWURZ
— *Angelica archangelica*

Blüte Grünlich weiße Dolde, von Juni bis August.
Wuchs Aparte Strukturstaude, 150 bis 250 cm.
Lebensweise Kurzlebig, aber willig versamend.
Im Garten Imposanter Doldenblütler und dekorativer Strukturgeber mit großem Platzbedarf. Wegen ihrer Kurzlebigkeit sorgt sie gut für Nachkommen. Man muss ihr offene Bereiche anbieten, damit sie sich nachhaltig ansiedeln kann. Frühzeitiges Umpflanzen ist möglich. Feuchte bis frische, nährstoffreiche Böden werden bevorzugt. Nektarreiche Blüten, gut für Schwebfliegen.
Besonderes Auf der Nordhalbkugel als alte Heilpflanze bekannt. Zu Unrecht wird sie oft mit dem problematischen Riesen-Bärenklau verwechselt.

PFIRSICHBLÄTTRIGE GLOCKENBLUME
— *Campanula persicifolia*

Blüte Violettblaue Glockenblüten, im Juni / Juli.
Wuchs 50 bis 60 cm.
Lebensweise Kurzlebige Staude, die sich durch leichte Ausläufer und Aussaat erhält.
Im Garten In niederschlagsreicheren Regionen steht sie gern sonnig, sonst verträgt sie auch Halbschatten. Der Boden sollte leicht humos sein, aber nicht zu feucht. Wie alle Glockenblumen wird sie von Schnecken geliebt. Samen können geerntet und direkt ausgesät werden. Wird nie dominant. Gute Bienen- und Hummelpflanze, ihre Blüten werden von Wildbienen als Unterschlupf benutzt.
Besonderes Heimische Staude mit großer Standortvielfalt – sie ist an Waldsäumen mit frischen bis trockenen Böden zu finden, aber auch auf Magerrasen.

WILDE KARDE
— *Dipsacus fullonum*

Blüte Hell-lila, im Juli und August.
Wuchs 80 bis 150 cm, apart.
Lebensweise Zweijährig, Selbstaussaat.
Im Garten Als Initialstaude setzen, funktioniert aber auch über Ansaat. Im ersten Jahr wächst nur die Rosette, die Blüte wird im zweiten Jahr gebildet. Sehr standstark. Der Blütenstand knickt nicht um, sollte daher über den Winter stehen bleiben. Für normale, durchlässige Gartenböden. Benötigt offene Bereiche im Beet zum Keimen. Guter Nektarspender für Wildbienen und Tagfalter, Samensammelpflanze für Vögel, zum Beispiel Distelfinken.
Besonderes Ihre Rosettenblätter sind so angeordnet, dass sie Wasser sammeln wie eine natürliche Vogeltränke.

PURPUR-WITWENBLUME
— *Knautia macedonica*

Blüte Sehr dunkles Weinrot bis Rosarot. Lange Blütezeit von Juli bis September.
Wuchs 60 bis 100 cm, etwas sparrig.
Lebensweise Mehrjährig, aber auch versamend.
Im Garten Anspruchslose Staude, deren Blüten wie kleine Bälle über einer Pflanzung schweben. Initialpflanzung ist sinnvoll. Die Witwenblume ist leider nicht sehr standstark und deshalb mit anderen Stauden zu kombinieren. Für normale bis durchlässige Gartenböden, verträgt auch Trockenheit. Bei zusagendem, sonnigem Standort findet gemäßigte Selbstaussaat statt. Im Herbst zurückschneiden, um Lebensdauer zu verlängern. Gute Nektarpflanze für Schmetterlinge.
Besonderes Stammt aus dem Balkan, wo man sie in offenen Wäldern und im Gebüsch findet.

WIESEN-MARGERITE
— *Leucanthemum vulgare*

Blüte Weiß mit gelber Mitte, im Mai / Juni und Nachblüte im September.
Wuchs 70 cm.
Lebensweise Mehrjährig, ausbreitungsstark, versamend.
Im Garten Margeriten breiten sich durch kurze Ausläufer aus, bis zu einem teppichartigen Bestand. Nicht zu dominant werden lassen, ab und zu Teile abstechen. Für normale Gartenböden, sonnige Plätze. Staunässe vermeiden. Nach der Blüte zurückschneiden, um Nachblüte im Herbst anzuregen. Gut für Wildbienen, Fliegen, Käfer und Tagfalter.
Besonderes Margeriten kommen in ganz Europa auf etwas nährstoffärmeren, sonnigen Standorten wie Halbtrocken-Wiesen vor. Leicht allergen.

VIELBLÄTTRIGE LUPINE
— *Lupinus polyphyllus*

Blüte Auffällige Kerzen, variable Farbe von Weiß, Rosa bis Violett, von Mai bis Juli.
Wuchs Bis zu 100 cm.
Lebensweise Winterharter, guter Vagabund.
Im Garten Pflegeleicht, sofern der Standort passt: sonnig; humoser, eher kalkarmer, nicht zu trockener Boden. Bei Schnecken beliebt. Bildet Schoten, die bei Reife aufplatzen. Ihre großen Samen können gezielt geerntet und gesetzt oder sich selbst überlassen werden. Nektarreiche Bienenweide.
Besonderes Die aus Nordamerika stammende Staude kam im 19. Jahrhundert in unsere Gärten. Da sie sich leicht versamt, ist sie bei uns inzwischen stark verwildert. An den Wurzeln leben Knöllchenbakterien, mit deren Hilfe Stickstoff im Boden fixiert wird – wichtiger Gründünger.

GROSSBLÜTIGE STRAHLDOLDE
— *Orlaya grandiflora*

Blüte Cremeweiße Doldenblüten, von Juni bis September. Die großen Randblüten haben eine Signalwirkung für bestäubende Insekten.
Wuchs 60 cm, grazil.
Lebensweise Einjährig, manchmal zweijährig, bei passendem Standort gute Selbstaussaat.
Im Garten Direktsaat im Frühjahr oder besser im Herbst ist zu empfehlen. Bei frisch bis leicht trockenen Böden gut kultivierbar. Benötigt offene Bereiche zur Selbstaussaat. Magnet für Schwebfliegen. Samenlieferant für Vögel.
Besonderes Die Strahldolde, ursprünglich im südlichen Europa beheimatet, ist schon lange in Mitteleuropa zu finden. Inzwischen ist sie bei uns vom Aussterben bedroht und nur noch reliktartig anzutreffen.

PRÄCHTIGER SONNENHUT
— *Rudbeckia fulgida*

Blüte Gelbe Körbchenblüten mit schwarzer Mitte, im August und September.
Wuchs 80 bis 100 cm, aufrecht, verzweigt.
Lebensweise Langlebige, ausdauernde Staude, die durch kurze Ausläufer (Stolonen) dichte Bestände entwickelt.
Im Garten Robuster Spätsommerblüher, der normalen Gartenboden bevorzugt. Darf nicht zu trocken stehen. Der Standort reicht von Sonne bis in den Halbschatten. Die Vermehrung kann leicht durch Teilung erfolgen. Abgeblühte Samenstände über den Winter stehen lassen, denn die hohlen Stängel sind wichtige Überwinterungsorte für Insekten. Gute Samenpflanze für Vögel.
Besonderes Die Präriepflanze aus Nordamerika wächst dort auf nährstoffreichen Böden.

STEPPEN-SALBEI
— *Salvia nemorosa*

Blüte Blau-violette Lippenblüten, im Mai und Juni, Nachblüte im September.
Wuchs 50 bis 60 cm.
Lebensweise Relativ langlebig, bei zusagendem Standort etwas versamend.
Im Garten Gut kombinierbar und zuverlässig. Sonniger Standort, der Boden darf von normaler Gartenerde bis mageren Substraten gehen. Verträgt Trockenheit, aber keine Staunässe. Ein Rückschnitt nach der ersten Blüte fördert eine Nachblüte im September. Leider werden die jungen Triebe sehr gerne von Schnecken gefressen. Sehr gute Bienenweide und Schmetterlingsmagnet.
Besonderes Kommt in steppenartigen Gebieten Europas vor.

MUTTERKRAUT
— *Tanacetum parthenium*

Blüte Kleine weiße Körbchenblüten mit gelber Mitte, von Juni bis September.
Wuchs 50 bis 80 cm.
Lebensweise Kurzlebige Staude, die sich durch Aussaat erhält.
Im Garten Diese oft nur zweijährige Staude liebt sonnige bis halbschattige Standorte. Der Boden sollte leicht feucht und nährstoffreich sein. Staunässe vermeiden. Kamillenartiger Duft. Guter Lückenfüller, über den Winter stehen lassen. Wird von Schnecken gemieden. Nektarreicher Sommerblüher und Bienenweide.
Besonderes Die ursprüngliche Heimat liegt im östlichen Mittelmeerraum. Seit Jahrhunderten ist die alte Heilpflanze bei uns zu finden. Achtung: kann allergische Hautreaktionen verursachen.

☞ WEITERE STAUDEN FÜR SONNIGE BLUMENBEETE

PFLANZE	BLÜTEN-FARBE	BLÜTEZEIT	WUCHS	INIT. PFLANZ.	ANSAAT MÖGLICH	VERSA-MEND	AUS-LÄUFER
WIESEN-SCHAFGARBE *Achillea millefolium*	weiß	Juni–Juli, September	kurzlebig 80 cm	✓	✓	wenig	leicht
DILL *Anethum graveolens*	grüngelb	Juni–August	einjährig 50–80 cm		✓	✓ stark	
PURPUR-WIESEN-KERBEL *Anthriscus sylvestris* 'Ravenswing'	weiß	April–Juni	zweijährig 60– 90 cm	✓		✓	
GEWÖHNLICHE AKELEI *Aquilegia vulgaris*	lilablau	Mai–Juni	kurzlebig 50–60 cm	✓	✓	✓ stark	
ROTBLÄTTRIGE GARTENMELDE *Atriplex hortensis* var. *rubra*	rötlich, unscheinbar	Juni–August	einjährig bis 120 cm		✓	✓	
LANGBLÄTTRIGES HASENOHR *Bupleurum longifolium* 'Bronze Beauty'	goldgelb	Juni–August	kurzlebig 60–70 cm	✓	✓	✓	
NESSEL-GLOCKENBLUME *Campanula trachelium*	blauviolett	Juli–August	mehrjährig 80–100 cm	✓	✓	leicht	✓
ECHTES LABKRAUT *Galium verum*	gelb	Mai–September	mehrjährig 30–50 cm	✓	✓		✓
BRAUNER STORCHSCHNABEL *Geranium phaeum*	dunkel-violett	Mai–Juli	mehrjährig 50–70 cm	✓		✓	leicht
JUNGFER IM GRÜNEN *Nigella damascena*	hellblau	Juni–Oktober	einjährig 45 cm		✓	✓	
GEWÖHNLICHE ESELSDISTEL *Onopordum acanthium*	purpur	Juli–September	kurzlebig bis 200 cm	✓	✓	✓	✓
BRONZE-BARTFADEN *Penstemon digitalis* 'Husker's Red'	weiß	Juni–August	kurzlebig 80–100 cm	✓	bedingt	✓	
KISSEN-PRIMEL *Primula vulgaris*	schwefel-gelb	März–April	mehrjährig 15 cm	✓	bedingt	✓	
DUFTRESEDE *Reseda odorata*	grünlichweiß	März–Juni	einjährig 30 cm		✓	✓	
KLEINER WIESENKNOPF *Sanguisorba minor*	braunrot	Juni–Juli	mehrjährig 30–70 cm	✓	bedingt	✓	
KASCHMIRDOLDE *Selinum wallichianum*	reinweiß	Juni–August	kurzlebig bis 120 cm	✓		✓	
BALDRIAN *Valeriana officinalis*	hellrosa	Juni–Juli	mehrjährig 50–100 cm	✓	bedingt	✓	
KANDELABER-KÖNIGSKERZE *Verbascum olympicum*	gelb	Juni–August	zweijährig bis 180 cm	✓	✓	✓	
LANZEN-EISENKRAUT *Verbena hastata*	lila	Juni–Juli	kurzlebig bis 120 cm	✓	bedingt	✓	
WILDES STIEFMÜTTERCHEN *Viola tricolor*	violett mit gelb	April–Oktober	kurzlebig 10–20 cm	✓	✓	✓ sehr gut	

Ein Sitzplatz, eingebettet in üppige Pflanzenfülle, verspricht viele Erlebnisse: von blühenden Stauden über duftende Kräuter bis hin zu Schmetterlingsbesuchen. Natürliche, attraktive Pflanzen sind dafür die Voraussetzung.

SONNIGE SITZPLÄTZE & TERRASSEN

Damit der heiße, sonnige Sitzplatz nicht zur Last, sondern zum Erlebnis wird, müssen wir uns genau überlegen, mit welchen Pflanzen wir dort arbeiten. Hitzefans und Hungerkünstler sind die beste Wahl.

Heiße, sonnenreiche Sommer mit wenigen Niederschlägen – diese Faktoren müssen wir Gartenbesitzer zukünftig miteinbeziehen. Und je mehr bei der Gartengestaltung auf die Natur geachtet wird, desto besser wird der Garten funktionieren. Gute Planung lebt oft von Kontrasten. Und so ist auch ein klares, modernes Design kein Widerspruch zu einer ökologischen, naturhaften Gestaltung. Ganz im Gegenteil: Es unterstützt diese, hebt sie hervor und ergänzt sie. Es ist an der Zeit, dass der Mensch sich zurücknimmt und weniger in die Kreisläufe eingreift. Im naturnahen Garten zeigt sich dies unter anderem durch reduziertes Jäten oder weniger Gießen. Endlich dürfen Gartenbesitzer ihre Sitzplätze genießen, ohne sofort das Gefühl zu bekommen, Arbeiten stünden an.

Indem man in einer Wiese ein Stückchen ausmäht, kann man für den Sommer einen temporären Lieblingsplatz gestalten.

Baldrian, Muskateller-Salbei und rote Spornblume – der Traum einer Blüten-Komposition

TROCKENRESISTENTE TERRASSENPFLANZEN

Terrassen am Haus oder im Garten sind meist nach Süden ausgerichtet und haben eine sehr sonnige Lage. Damit ist dies auch der wärmste Bereich eines Gartens, oftmals noch verstärkt durch die Rückstrahlung der Hauswand. Und egal wie der Boden beschaffen ist – ob tonig oder sandig –, er wird sehr schnell austrocknen. Die Pflanzen, die die Terrasse flankieren sollen, müssen daher noch stärkere Hitze und Trockenheit aushalten als in normalen sonnigen Beeten.
Ein wesentliches Merkmal dieses Konzeptes ist, dass die wandernden Pflanzenarten hitzeresistent sind und so standortgerecht eingesetzt werden müssen, dass sie in dem Fall auch längere Perioden ohne Regen und vor allem ohne Gießen überstehen können.

SITZPLATZ IM GARTEN

Schön ist ein zweiter Sitzplatz etwas abseits vom häuslichen Trubel. Dazu eignen sich ausgemähte und kurzgehaltene Bereiche in einer bunten, vielfältigen Wiesenanlage. Diese wirkt sehr natürlich und hat nochmals einen ganz anderen Charakter. Zudem strahlt die üppige Vegetation Kühle aus, was man im Sommer ganz besonders sucht. Je nach Lust und Laune kann dieser „Wiesen-Sitzplatz" jedes Jahr an einer anderen Stelle entstehen. Bei so einer Wiese arbeiten wir mit rein heimischen Wiesenkräutern, die am besten durch eine Ansaat etabliert wurden. Im ersten Jahr müssen wir dafür Geduld mitbringen, aber ab dem zweiten Jahr wird sich die Wiese umso besser und somit langfristiger entwickeln (siehe S. 92/93).

01

Ohne großes Zutun entwickeln diese Hungerkünstler sich dann von selbst, sind gesund und sehen attraktiv aus. Interessanterweise finden wir besonders unter diesen Trockenheitsfans viele Arten, die duften und ätherische Öle verströmen, wie Muskateller-Salbei *(Salvia sclarea)*, aber auch Schafgarbe *(Achillea millefolium)*. Es ist Teil ihrer Strategie, damit der Verdunstung von Wasser entgegenzuwirken. Viele dieser Pflanzen haben zudem eine dickere „Haut", die zusätzlich davor schützt, unnötig Wasser zu verlieren. Sehr zur Freude von uns Gartenbesitzern sind diese Pflanzen oft beliebte Küchenkräuter. Dazu gehört auch das Berg-Bohnenkraut *(Satureja montana)*, welches sich gerne seinen eigenen Platz im Sonnengarten sucht.

Besonders am Sitzplatz spielt das Naturerlebnis eine herausragende Rolle, sei es durch Duft, Bewegung, Farbe oder dem Beobachten von Tieren. Gewächse, die genau solch eine heiße Gartensituation bevorzugen, sind eben oftmals Lieblingspflanzen von Bienen und Schmetterlingen – und wilde Vagabunden. So ist der trockenheitsliebende Stauden-Lein *(Linum perenne)*, ein zierlicher Sommerblüher, eine wichtige Bienenweide. Dabei werden seine Blüten bestäubt und er versamt sich. Entspannt muss man auf alle Fälle damit umgehen, dass sich genau auf Grund dieser Ausgangslage die einen oder anderen Keimlinge in Fugen von Terrassenplatten wiederfinden werden. Je nach Situation können wir diese entfernen oder wachsen lassen, da diese Pflanzen ein intensives, aber kurzes Leben führen – also leider auch wieder verschwinden.

KÖNIGSKERZE – PFLANZE MIT ZUKUNFT

Der Garten der Zukunft ist für alle – Menschen, Tiere und Pflanzen gleichberechtigt nebeneinander. Und das Naturerleben wird zum zentralen und bewussten Faktor in der Pflanzenverwendung. Dies kann man sehr schön an der Königskerze *(Verbascum)* aufzeigen, die ein gutes Beispiel für die standortgerechte und zukunftsweisende

Bepflanzung eines heißen und trockenen Sitzplatzes ist. Die in Europa beheimateten Königskerzen vertragen starke Hitze, was man schon an ihren flauschigen Blättern erkennt: Als Verdunstungsschutz besitzen sie ganz feine Härchen. Zudem deutet ihre ausgeprägte Pfahlwurzel darauf hin, dass sie sich aus der Tiefe des Bodens Wasser holt. Wegen dieser Wurzel ist es ab einer gewissen Größe auch schwer, sie zu versetzen. Am einfachsten ist es, sie einfach dort anzusäen, wo sie einmal stehen soll. Wahrscheinlich sucht sie sich aber ihren Standort selbst aus. Dann wächst sie buchstäblich von alleine. Pflege braucht sie nicht, ganz im Gegenteil.

Im ersten Jahr breitet sie ihre aparten und dekorativen Rosetten aus. Erst im zweiten Jahr kommt sie zum Blühen, dann aber umso schöner. Danach stirbt sie ab, und ist damit eine echte Zweijährige. Eine Ausnahme bildet die heimische Dunkle Königskerze (*Verbascum nigrum*). Sie ist langlebiger. Während ihres zeitlich begrenzten Lebens locken Königskerzen Tiere an, sind eine sehr beliebte Bienenweide und werden fleißig bestäubt, was sich im Spätsommer zeigt. Voller kleinster Samen sind dann die oft meterhohen, kerzenartigen Blütenstände. Kommen diese durch Wind in Schwingung, verbreiten sie das Saatgut für die nächsten Generationen. Man sollte unbedingt die Kerzen den Winter über stehen lassen, nicht nur wegen der Aussaat, sondern auch, weil viele Vögel in der kalten Jahreszeit von ihren Tausenden von Samen profitieren. Zudem überwintern in den hohlen Stängeln viele Larven nützlicher Insekten.

01 Außergewöhnlich in der Farbgebung ist die Purpur-Königskerze (Verbascum phoeniceum). Die Farben der Blütentrauben reichen von Weiß bis Dunkellila. An zusagenden Standorten ist sie recht langlebig.

02 An heißen Standorten fühlt sich die Dunkle Königskerze (Verbascum nigrum) sehr wohl. Die Kombination mit der hitzeverträglichen Blauraute (Perovskia atriplicifolia) und dem Leinkraut (Linaria purpurea) bringt zudem ein schönes Farbspiel.

02

STOCKROSE
— *Alcea rosea*

Blüte In Weiß, Rosa bis Dunkelrot oder Gelb, lange Blütezeit von Juni bis September.
Wuchs 180 bis 200 cm.
Lebensweise Zweijährig, Selbstaussaat.
Im Garten Die Stockrose braucht einen sonnigen Standort und durchlässigen Boden. Da sie sehr groß wird, benötigt sie eine Hauswand oder höhere Stauden zum Anlehnen. Wegen des Malvenrostes (Pilz) ist eine luftige Lage wichtig. Sie versamt sich sehr gut selbst, wobei man auch etwas nachhelfen kann, indem man Samen erntet und verstreut. Keine gefüllten Sorten kaufen, diese sind steril. Bienenweide und Pollenlieferant.
Besonderes Die 60 *Alcea*-Arten kommen von Zentral- über Kleinasien bis zum östlichen Mittelmeergebiet vor.

FÄRBERKAMILLE
— *Anthemis tinctoria*

Blüte Goldgelbe Körbchenblüten, Dauerblüher von Juni bis September.
Wuchs 30 bis 60 cm.
Lebensweise Kurzlebige, aber mehrjährige Staude, gut versamend, unkompliziert.
Im Garten Siedelt sich willig als Pionierpflanze an. Horstiger Wuchs, bevorzugt steinige, durchlässige Böden. Man kann sie initial setzen, aber auch nur Samen ausstreuen, da sie gut keimt. Sonniger Standort, Rückschnitt nach der Blüte (nicht zu früh, wegen der Samen) für kompakten Wuchs. Bienenweide und Schmetterlingsmagnet.
Besonderes Alte Färberpflanze. In Mitteleuropa bis West-Sibirien ist sie heimisch, in Amerika ein Neophyt. Die kalkliebende Pflanze wächst gerne auf ruderalen Flächen (bis in 1000 m Höhe).

TENNESSEE-SONNENHUT
— *Echinacea tennesseensis*

Blüte Rosa Körbchenblüten, wichtiger Sommerblüher mit Blütezeit von Juli bis September.
Wuchs 60 bis 70 cm, standstark.
Lebensweise Mehrjährige Staude, zugleich versamend.
Im Garten Die Wildpflanze versamt sich bei passendem Standort: sonnige, offene Bereiche, leicht kalkhaltig und vor allem durchlässiger Boden. Wirkt in größeren Gruppen besonders schön. Nicht so anfällig für Schneckenfraß wie andere Echinaceen. Sehr guter Schmetterlingsmagnet.
Besonderes Aus der trockenen Prärie Nordamerikas stammend, hat diese Wildpflanze mit Heilwirkung den Einzug in unsere Gärten geschafft. Sie ist bei uns nur als angebliche Hybride 'Rocky Top Hybriden' zu erhalten.

PRACHTKERZE
— *Gaura lindheimeri*

Blüte Weiß, Juni bis September, Dauerblüher.
Wuchs Bogig überhängend, grazil, 60 bis 100 cm.
Lebensweise Bei uns kurzlebig, bei passendem Boden ist Aussaat möglich.
Im Garten Je durchlässiger der Boden, desto langlebiger. Verträgt weder Staunässe noch Winterfeuchte. Benötigt ihren Raum, um zu wirken. Der bogig überhängende Wuchs bringt Leichtigkeit in eine Anpflanzung. Gute Bienenweide im Hochsommer. Funktioniert an sonnigen Plätzen auch im Kübel. Rückschnitt im Herbst fördert die Vitalität, Winterschutz mit Reisig.
Besonderes Die Präriepflanze ist im südlichen Nordamerika beheimatet. Dort wird es selten extrem kalt, weshalb sie bei uns nicht wirklich winterhart ist.

PURPUR-LEINKRAUT
— *Linaria purpurea*

Blüte Purpurviolett, rosa oder weiß, kleine Einzelblüten, von Juni bis August.
Wuchs Aufrecht, 40 bis 60 cm.
Lebensweise Kurzlebig, Selbstaussaat.
Im Garten Diese elegante, aufrechte Staude mit blaubereiftem Laub bringt eine besondere Note in mediterrane Gärten. Wichtig ist, dass sie sonnig steht und einen durchlässigen Boden hat. Insekten lieben sie – so versamt sie sich sehr gut, auch an den unmöglichsten Plätzen, weshalb man ihre Keimlinge beobachten sollte.
Besonderes Es gibt 100 bis 150 *Linaria*-Arten, von denen die meisten in den gemäßigten Gebieten Eurasiens und dem Mittelmeerraum wachsen. Das Purpur-Leinkraut kommt aus Süditalien, was seiner Winterhärte aber keinen Abbruch tut.

STAUDEN-LEIN
— *Linum perenne*

Blüte Himmelblau, Einzelblüten blühen nur kurz, von Juni bis August.
Wuchs 25 cm, filigran.
Lebensweise Eher kurzlebig, an zusagendem Standort versamend.
Im Garten Zauberhafte, heimische Wildstaude. Auf durchlässigen Böden beginnt sie gerne durch Selbstaussaat durch den Garten zu wandern. Man sollte ihr etwas Platz einräumen, damit sie einzeln zur Geltung kommen kann. Sehr guter Schmetterlingsmagnet. Im Herbst stehen lassen.
Besonderes Eigentlich in Europa und im westlichen Asien beheimatet, ist Stauden-Lein vielerorts inzwischen vom Aussterben bedroht (Rote Liste). Seine ursprünglichen Standorte sind Magerrasen auf steinigen Böden.

HALBHOHE NACHTKERZE
— *Oenothera tetragona*

Blüte Strahlend gelb, Juni bis August.
Wuchs Horstig, 40 bis 70 cm.
Lebensweise Zwei- oder mehrjährig, an zusagendem Standort versamend.
Im Garten Unablässiger Sommerblüher mit wunderbarem Duft am Abend. Als Staude initial setzen. Man sollte ihr genügend Platz geben, da sie etwas breitwüchsig ist. Sonniger Standort, Boden durchlässig, eher mager. Winterliche Staunässe wird nicht vertragen. Pollenspender für Bienen und Hummeln, Samen für die Vögel.
Besonderes Die aus Amerika stammende Nachtkerze wurde als Nahrungs- und Heilmittel geschätzt. Ab dem 17. Jahrhundert zog sie in unsere Gärten ein. Heute finden wir sie auch in der Landschaft, meist auf kiesigen Flächen.

MUSKATELLERSALBEI
— *Salvia sclarea*

Blüte Rosa bis hellviolett, von Juni bis August.
Wuchs Dekorative Pflanze, 80 bis 120 cm.
Lebensweise Zweijährig, Selbstaussaat für Erhalt notwendig.
Im Garten Wunderschöne, stattliche Pflanze mit Platzbedarf ab dem zweiten Jahr, für Beetmitte bis Hintergrund. Schon seine Blattrosetten im ersten Standjahr sind attraktiv. Funktioniert gut über Frühjahrsansaat, wobei man am besten die kleinen Pflänzchen danach vereinzelt und verzieht. Braucht unbedingt einen sonnigen, durchlässigen, fast kiesigen Standort. Würziger Duft. Hervorragende Insektenpflanze.
Besonderes Dieser aus Südeuropa und Nordafrika stammende Salbei fand wegen seiner Heilwirkungen früh den Weg in unsere Klostergärten.

DER „GRAVEL GARDEN“

Ob Alpinpflanzen oder mediterrane Kräuter in der Provence, die Kombination „Pflanze und Stein“ hat etwas Faszinierendes. Sie zeigt uns, dass es auch auf schwierigem Substrat bunt und blütenreich zugeht.

Aus der Kombination „Pflanze und Stein“ wurde eine Art zu gärtnern entwickelt, die fast genau das Gegenteil von „guter, alter Gärtner-Tradition“ ist: Kiesgärten mit durchlässigem und zudem magerem Substrat. Solche Böden wurden früher als minderwertig angesehen. Sie wurden entsorgt und durch nährstoffreiches Substrat ersetzt oder mit Dünger und Kompost verbessert.

EINE IDEE, DIE VIELES ÜBER BORD WIRFT

Das Gestein ist nicht nur oberflächig als optischer Effekt aufgebracht, wie man es allzu häufig antrifft, sondern wird in unterschiedlicher Schichtung und Tiefe eingebaut – ohne Vlies (vgl. S.103). Außerdem ist es möglich, verschiedene Materiali-

01

02

03

en zu verwenden. Je steiniger und wasserdurchlässiger, desto lückiger werden die Pflanzen wachsen. Nimmt man hingegen ungewaschenen kiesigen oder sandigen Aushub, welcher auch Feinanteile enthält, wird sich mehr Vegetation bilden. Es ist spannend, gestalterisch damit zu spielen. So kann man Wege anlegen, indem man 30 cm reinen Kies einbaut. Sie werden lange Zeit frei von Vegetation bleiben. Wohingegen sich in den restlichen Bereichen mit dem anderen, leicht schluffigeren Substrat viele Hungerkünstler ansiedeln werden. Und welches Material ist geeignet? Da man viel benötigt – je nach Ausgangssubstrat mindestens 20 cm – liegt es allein aus Kostengründen auf der Hand, auf lokales Gestein oder Sand zurückzugreifen. Zudem wirkt dies umso harmonischer. Normale Gartenböden einfach mit steinigem Material abzumagern, funktioniert leider nicht. Denn diese Böden sind zu nährstoffreich und enthalten, auch wenn man es nicht auf Anhieb sieht, viele Samen und Wurzeln, welche später mit den Kiespflanzen konkurrieren. Deshalb sind echte Kiesbeete sehr pflegearm.

01 Der lockere Übergang vom Kiesweg zu einer trockenheitsliebenden Bepflanzung kann ganz bewusst gestaltet werden.

02 Die pinkfarbene, heimische Karthäuser-Nelke (Dianthus carthusianorum) wächst gern auf Trockenrasen. Damit eignet sie sich hervorragend für kiesige Standorte.

03 Trittplatten in Kies sind praktisch und schön. Dazu passt eine Randbepflanzung mit Patagonischem Eisenkraut und zierlichem Wimper-Perlgras.

01

02

Da im Sommer Niederschläge immer rarer werden, entlasten solche Gartenanlagen die Besitzer erheblich. Denn die obere Kies-Schicht dient der darunterliegenden als Verdunstungsschutz. Wässern reduziert sich somit. Für niederschlagsarme Regionen mit sandigen Böden ist dies ein gutes Konzept. Möchte man in einem konventionellen Garten Teilbereiche derart umgestalten, ist die wichtigste Voraussetzung ein sehr sonniger bis heißer Standort – auch vor einer Wand oder leichter Südhanglage. Damit solche Flächen harmonisch wirken, darf man sie nie zu klein gestalten. Böschungen mit starker Neigung eignen sich nicht, da das nicht bindige Substrat ins Rutschen kommen kann.

AUS NAH UND FERN

Es ist überraschend, wie groß die Auswahl an mediterranen, üppigen, manchmal sogar exotisch wirkenden Pflanzen ist, die bei richtiger Anlage in einem Kiesgarten bei uns ausgesprochen gut funktionieren. Denn nicht der strenge Frost macht vielen dieser Kiesgartenpflanzen zu schaffen, sondern schwere, lehmige Böden. Ist der Boden nicht absolut durchlässig, faulen ihre Wurzeln, Knollen oder Zwiebeln. Heimische Pflanzen und Arten aus dem Mittelmeerraum, von der nordamerikanischen Prärie, sogar aus Südafrika und den ostasiatischen Steppenpflanzen sind geeignet.
Wollen wir unserer Tierwelt auch etwas Gutes tun, sollte die erste Wahl zunächst auf heimischen und mediterranen Pflanzen liegen. Ein Beispiel ist die Kartäuser-Nelke *(Dianthus carthusianorum)*, welche in der Natur auf kalkreichen, steinigen Schotterfluren wie dem Frankenjura vorkommt. Siedeln wir sie in einem Kiesgarten an, wird sie sich durch Aussaat willig verbreiten und bringt mit ihrem leuchtenden Pink kräftige Farbtupfer in das Pflanzbeet.
Überhaupt finden wir in dieser Gruppe mit die meisten vagabundierenden Pflanzen für eine

03

Pflanzbeet-Gestaltung. Das liegt an ihrer Strategie, sehr trockene Phasen zu überdauern und die nächste Generation mit vielen Samen zu sichern. Es gibt aber auch noch andere Möglichkeiten, mit denen diese Pflanzen an Feuchtigkeit kommen, trockene Perioden überleben und Wasser speichern: tiefe Speicherwurzeln. Diese Strategie verfolgt die exotisch anmutende Südafrikanische Fackellilie *(Kniphofia)*. Sie gedeiht bei uns ausgezeichnet, wenn der Boden durchlässig ist. Sie vagabundiert keineswegs, kann aber in einem Kiesbeet eine definierte Struktur als Kontrast zu den Flaneuren bilden.

Im Mittelmeerraum finden sich neben Pflanzen, die stark versamen, und Arten mit dicken Speicherwurzeln auch Halbsträucher wie das Graue Heiligenkraut *(Santolina chamaecyparissus)*. Diese Arten haben sich gut gegen Hitzeeinwirkungen gewappnet. Im Laufe der Evolution haben sie eine feine Wachsschicht entwickelt, die sich als Verdunstungsschutz über die Blätter zieht.

Kann man all diese doch recht unterschiedlichen Pflanzen überhaupt miteinander vergesellschaften und kombinieren? Ja! Da der Standort für alle passend ist, entsteht im „Gravel Garden" ein spannender und kontastreicher Gestaltungsansatz: statische, akzentuierende Tiefwurzler, mediterrane Halbsträucher mit Potenzial zur Aussaat und kurzlebige, sprunghafte Pflanzen.

01 *So „unbeweglich" die orangefarbene Fackellilie (Kniphofia uvari) ist, im Kontrast zu anderen „Gravel Garden"-Pflanzen bildet sie ein verlässliches Gerüst.*

02 *Rote, spätblühende Wildtulpen und Island-Mohn (Papaver nudicaule): Obwohl sie in unterschiedlichsten Regionen beheimatet sind, verbinden sie ihre Standortansprüche.*

03 *Wimper-Perlgras, Hohe Fetthenne, Mannstreu und Prachtscharte: Solche Pflanzungen gedeihen langfristig nur auf mageren, kiesigen Substraten.*

ASTLOSE GRASLILIE
— *Anthericum liliago*

Blüte Weiß, im Mai und Juni, leicht duftend.
Wuchs 40 bis 50 cm, aufrechter Stängel, bogige Blätter, grazil.
Lebensweise Staude, gute Selbstaussaat.
Im Garten Aufgrund ihrer Zartheit sollte sie nicht als Solitär gepflanzt werden. Erst als Gruppe kommt sie voll zur Geltung. Am besten als Staude setzen, im Laufe der Zeit wird sie sich gut selbst vermehren. Sie mag durchlässige, steinige und stickstoffarme Böden, in sonniger und warmer Lage. Nie düngen! Gute Bienenweide.
Besonderes Kommt in Mittel- und Südeuropa bevorzugt in lichten, sonnigen Kiefern- oder Eichenwäldern und auf Trockenrasen vor. Der deutsche Name ist irreführend, da sie nicht zu den Lilien, sondern zu den Spargelgewächsen zählt.

KARTHÄUSER-NELKE
— *Dianthus carthusianorum*

Blüte Pink, blüht lange von Juni bis September.
Wuchs 30 bis 50 cm, horstig, grasartige Blätter.
Lebensweise Kurzlebig, aber gut versamend.
Im Garten Ähnlich wie in der Natur sucht sich diese Nelke sehr trockene und heiße Bereiche. Deshalb ist sie auch hervorragend für die Dachbegrünung und sonnige Tröge geeignet. Ein Rückschnitt nach der Blüte regt eine Zweitblüte an. Ein paar initiale Pflanzen sind ein guter Start – sie verbreitet sich stetig, ohne aufdringlich zu werden. Gute Insektenweide.
Besonderes Die Karthäuser-Nelke findet man in Europa vor allem an sonnigen, warmen Hängen auf Kalk- und Silikat-Trockenrasen, Böschungen, Heiden und in sandigen Wäldern. Trotzdem kommt sie mit tiefen Minusgraden zurecht.

BLAUER NATTERNKOPF
— *Echium vulgare*

Blüte Rosa und blau, von Juni bis September.
Wuchs 60 bis 80 cm.
Lebensweise Zweijährig, stark versamend.
Im Garten Der anspruchslose Natternkopf ist ein guter Besiedler von kalkigen, warm-sonnigen und sehr steinigen Bereichen, aber auch leicht lehmige Böden werden toleriert. Er lässt sich gut über eine Einsaat etablieren. Zudem versamt er sich willig, weshalb man ihn unter Beobachtung haben sollte. Schmetterlings- und Bienenweide.
Besonderes Man findet die Pionierpflanze in ganz Europa und Westasien auf trockenen bis halbtrockenen Ruderalflächen und steinigen Fluren. Die Blüten sind zunächst rosa, sobald sie bestäubt wurden, verfärben sie sich blau. So wissen Insekten, dass hier nichts mehr zu holen ist.

ELFENBEINDISTEL
— *Eryngium giganteum*

Blüte Silbrigweiß, im Juli und August.
Wuchs 40 bis 80 cm, aufrecht, exotisch.
Lebensweise Staude, sehr gut versamend, ohne lästig zu werden.
Im Garten Diese exotisch anmutende Staude ist im sonnigen, trockenen und kiesigen Garten als sehr gute Strukturpflanze einsetzbar. Auch im Herbst und Winter überzeugt sie mit ihrem Wuchs. Insektenweide.
Besonderes Die Engländerin Ellen Willmott hatte in ihrer Rocktasche immer ein paar Samen dieser keimfreudigen Distel, welche sie bei Gartenbesuchen gerne fallen ließ. Wo immer Miss Willmott auch war, kamen später die kleinen Keimlinge. Deshalb heißt die Pflanze in England Miss Willmotts Ghost.

SAMTNELKE
— *Lychnis coronaria*

Blüte Stahlend purpurrot bis pink, von Juni bis August.
Wuchs 60 bis 80 cm, etwas sparrig, wintergrüne flaumige Blätter.
Lebensweise Zwei- bis dreijährig, gut versamend.
Im Garten Die Samtnelke benötigt trockenen Boden und viel Sonne. Sie ist zwar kurzlebig, versamt sich aber hervorragend. Man sollte sie daher im Auge behalten, damit sie nicht zu dominant wird. Bienenweide und Schmetterlingsmagnet, die Blatt-Härchen sind Baumaterial für die Brutzellen der Wollbiene.
Besonderes Ihr ursprüngliches Verbreitungsgebiet reicht von Südosteuropa über Turkestan bis in den Himalaya. Seit dem 15. Jahrhundert finden wir sie in Kloster- und Bauerngärten.

WIMPER-PERLGRAS
— *Melica ciliata*

Blüte Silbrigweiß, im Mai und Juni.
Wuchs 30 bis 60 cm, bogig, überhängend, horstig. Keine Ausläuferbildung
Lebensweise Staude, rasch versamend, kann lästig werden.
Im Garten Das früh blühende Gras gedeiht sehr gut auf durchlässigen, kalkhaltigen Substraten. Es benötig lückige Bestände, um sich erhalten zu können. Da es sich stark versamt, bildet es mit der Zeit teppichartige Bestände, welche vor allem im Frühsommer einen besonderen Reiz verströmen. Sollte trotzdem immer kontrolliert werden. Etablierung durch reine Ansaat ist möglich.
Besonderes Das natürliche Verbreitungsgebiet reicht von Kasachstan bis fast über ganz Europa (außer Nordeuropa).

PATAGONISCHES EISENKRAUT
— *Verbena bonariensis*

Blüte Blauviolett, von Juli bis Oktober, Dauerblüher .
Wuchs 80 bis 120 cm, sparrig, nicht standstark.
Lebensweise Kurzlebig, gut versamend.
Im Garten Dieses Eisenkraut setzt man am besten im Frühling initial. Dann wächst es gut an. Es benötigt durchlässigen, kiesigen Boden und Sonne. Wegen seiner filigranen Erscheinung ist es in größeren Mengen zu pflanzen; mit ähnlich großen Partnern zum Anlehnen. Da es kurzlebig ist, muss es sich versamen und wird sich Lücken suchen. Blütenstände daher stehen lassen. Gute Bienenweide und Schmetterlingsmagnet.
Besonderes Diese Art kommt aus wärmeren Regionen im südlichen Südamerika, weshalb sie bei uns nicht ganz frosthart ist.

DUNKLE KÖNIGSKERZE
— *Verbascum nigrum*

Blüte Gelb oder weiß, rötliche Staubgefäße, von Juni bis August.
Wuchs 100 bis 120 cm, horstig, grasartige Blätter.
Lebensweise Zwei- mehrjährig, gut versamend.
Im Garten Sie benötigt einen durchlässigen, kalkreichen und sonnigen Standort. Man kann sie initial pflanzen. Einfacher ist es, sie im späten Frühling anzusäen und zu vereinzeln. Im ersten Jahr entwickelt sie nur große Grundrosetten. Blütenstände für die Selbstaussaat stehen lassen. Gute Insekten- und Bienenweide.
Besonderes Diese Art kommt in fast ganz Europa vor; nur in ozeanisch geprägten Regionen wie Irland fehlt sie. Am liebsten wächst sie an trockenen Hängen oder auf Schutthalden, aber auch in lichten Wäldern.

01

02

GANZ UND GAR KEINE MAUERBLÜMCHEN

Vertical Gardening ist ein großer Trend, vor allem in den Städten. Aber auch in der Natur finden wir Pflanzen, die sich in der Vertikalen ansiedeln, bekannt als Felsspalt-Vegetation.

Die Standorte in der Natur sind steile und oftmals trockene Felswände, und je nach Gesteinsart können sie auch etwas Wasser speichern. Außerdem lagert sich in Ritzen und kleinen Mulden etwas Humus ab. Auch die Himmelsrichtung ist entscheidend: So wächst an einer sonnigen Felswand ein anderer Vegetationstyp als im Schatten.

NATURSTEINMAUERN

Ähnliche Verhältnisse finden wir im Garten in Natursteinmauern, von alters her durch den Menschen entstandenen Lebensräumen. Damals wurden beim Mauerbau Gesteinsschichtungen sogar häufig mit lehmigem Boden „verklebt". Dieser Boden hat sich oft über die Jahre gehalten – eine hervorragende Grundlage für diese Überlebenskünstler. Neuere Trockensteinmauern werden meist nicht mehr so gebaut, aber trotzdem entsteht recht schnell in den Fugen an geeigneten Stellen Erdreich. Mauern sind also alles andere als lebensfeindlich. Neben ganz besonderen Pflanzen leben in Spalten warmer Mauern Insekten, wie die wilde Mauerbiene oder auch Eidechsen. Üppiges Bepflanzen solcher Vertikalen stellt sich in der Praxis oftmals als schwierig heraus. Allein schon technisch gesehen, da die Lücken meist ext-

03

04

01 Die Teppich-Glockenblume ist ein Phänomen: Sie besiedelt ohne Zutun die noch so engsten Ritzen und entwickelt sich dort üppig.

02 Artenreiche Mauervegetation, wie man sie nur initiieren kann: Spornblume, Spanisches Gänseblümchen und Glockenblumen.

03 Farne, wie der schöne, immergrüne Hirschzungenfarn, suchen sich ihre Wohlfühlecken selbst – im kühlen Schatten.

04 Die Lichtnelke (Silene dioica), führt ein Schattendasein, obwohl sie unwirtlichste Plätze besiedelt und auffällig blüht.

Die unermüdlich blühende Spornblume sucht sich ihren idealen Wuchsort selbst, sogar an einer trockenen Hauswand.

rem klein sind, und vorgezogene Ballenware zu groß dafür ist. Doch das eine oder andere größere Loch für geeignete Initialpflanzen findet sich mit etwas Geduld bestimmt. Und so werden sich im Laufe der Jahre Mauern und Ritzen selbst begrünen. Voraussetzung dafür ist, dass die kleinen Siedler sich gut versamen oder Tochterpflanzen aus Sprossen, wie bei heimischem Mauerpfeffer *(Sedum acre)*, bilden können. Manche Pflanzen, wie das Zimbelkraut *(Cymbalaria muralis)*, überziehen mit ihren langen Ausläufern Mauren und Ritzen. Andere haben Pfahlwurzeln – damit sind sie gut verankert und holen sich ihre Nährstoffversorgung tief aus den Fugen. Viele der Felsspalt-Pflanzen findet man auch an absonnigen Mauerseiten, wo es nicht so extrem heiß und trocken ist, oder sogar im Schatten, wie der immergrüne Hirschzungenfarn *(Asplenium scolopendrium)* oder auch der heimische Gelbe Lerchensporn *(Pseudofumaria lutea)*.

RITZENBESIEDLER

Während viele Menschen diese Lebenskünstler bewundern und wollen, dass es in den Zwischenräumen bunt blüht und duftet, sind sie für andere nur ein Ärgernis. Manche Gartenbesitzer kratzen mühsam stundenlang jedes Pflänzchen aus Belagsfugen und haben schon im Vorfeld bei einer Gartenplanung größte Angst, dass sich in den Zwischenräumen von Pflaster Vegetation ansiedeln könnte.
Und dabei gibt es nicht nur ästhetische Gründe, weshalb Fugenvegetation berechtigt ist. Grundsätzlich haben Belagsfugen heute in der Stadtökologie die wichtige Aufgabe, dass Regenwasser direkt vor Ort versickern kann, was zudem wichtige Bodenorganismen fördert. In vielen Kommunen ist das heute schon Vorschrift. Durch die Besiedelung von Bewuchs zwischen Verbundsteinen, Kopfsteinpflaster oder Natursteinplatten wird zu-

THEMA GIFT

Oft werden Pflasterritzen ausgekratzt oder abgefackelt. An diesen Stellen ist gesetzeswidrig, mit Herbiziden zu spritzen: Gehwege, Auffahrten und Parkplätze. Generell haben Herbizide wie Glyphosat in einem Garten nichts zu suchen.

Zwischen Gehwegplatten wachsen trittfeste Kräuter (siehe S. 71).

dem dessen Festigkeit erhöht. Um in den oft kleinsten Ritzen überhaupt wachsen zu können, sind Pflanzen ganz besonders daran angepasst: Sie müssen mit Trockenheit, Hitze und Nährstoffmangel gut umgehen können, aber auch mit temporären Regengüssen auskommen.

FUGENVEGETATION

Die Fugenbreite bestimmt die Art der Pflanzen: In sehr kleinen Fugen siedeln eher Stauden mit feinem Wurzelwerk, wie das Zarte Federgras *(Stipa tenuissima)*. Für Fugenpflaster, welches man häufig begeht, gibt es inzwischen Saatgutmischungen trittverträglicher Pflanzen, wie Sand-Thymian *(Thymus serpyllum)*, welche man gezielt ansät und damit die Besiedlung beschleunigt. Bei weiteren Abständen, beispielsweise zwischen Natursteinplatten, finden sich dann auch etwas größere Stauden ein, wobei diese wegen des geringen Nährstoffangebotes trotzdem kleiner bleiben als gleiche Artgenossen an besseren Standorten. Nun möchte man vielleicht aber nicht überall in den Ritzen Pflanzen haben. Das ist kein Problem, man muss einen Weg nur oft genug nutzen. Durch den „Vertritt" werden die Blätter geschädigt, die Bereiche stärker verdichtet – und schon reduziert sich der Bewuchs.

EXTREMSTANDORT DACHVORSPRUNG

Das sind alles schon recht widrige Bedingungen, mit denen Pflanzen zu tun haben, aber es geht noch extremer: zwischen Belag und Hauswand. Und wenn dann noch ein Dachüberstand vorhanden ist und praktisch kein Niederschlag ankommen kann, sollte man meinen, dass dort überhaupt nichts mehr wächst. Dem ist nicht so. Hier fühlen sich ganz besonders die Stockrose *(Alcea rosea)* oder die Spornblume (*Centranthus ruber* var. *coccineus*) wohl. Konkurrenz müssen sie hier nicht mehr befürchten.

DALMATINER GLOCKENBLUME
— *Campanula portenschlagiana*

Blüte Violett, von Juni bis August, Dauerblüher.
Wuchs 20 bis 35 cm.
Lebensweise Staude, ausläuferbildend.
Im Garten Diese stark polsterbildende Glockenblume ist winterhart, reichblühend und langlebig. Die Blüten erscheinen im Hochsommer. Je nach Witterung und Standort kommt eine Nachblüte im Herbst. In engste Fugen gesetzt fühlt sie sich wohl und breitet sich durch Samen und Ausläufer gut aus. Im Herbst wirft sie ihr Laub ab, zieht sich in den Boden zurück und überwintert dort. Wie alle Glockenblumen ist sie durch Schneckenfraß gefährdet. Gute Insektenweide.
Besonderes Die Dalmatiner Glockenblume stammt ursprünglich aus den Bergregionen Bosnien-Herzegowinas und Kroatiens.

ROTE SPORNBLUME
— *Centranthus ruber*

Blüte Karminrosa, variabel, von Juni bis Oktober, Dauerblüher.
Wuchs 60 cm, wintergrün.
Lebensweise Die Rote Spornblume benötigt kiesigen, durchlässigen Boden. Letztendlich sucht sie sich ihren eigenen Standort, meist in Mauerritzen, Spalten oder an sonnigen Treppen. Die kurzlebige Staude versamt sich schnell und gut. Wenn es zu viele werden sollten, rechtzeitig die Samenstände zurückschneiden. Beliebte Schmetterlings- und Insektenweide.
Besonderes Die im ganzen Mittelmeerraum beheimatete Pflanze wurde schon früh als Zierpflanze kultiviert. Am Naturstandort bevorzugt sie Fels- und Mauerspalten, wohin sie auch am liebsten wandert, wenn wir ihr freien Lauf geben.

MAUER-ZIMBELKRAUT

— *Cymbalaria muralis*

Blüte Hellviolett, von Juni bis September, Dauerblüher.
Wuchs 20 bis 35 cm, wintergrün.
Lebensweise Staude, Selbstaussaat und Ausläufer.
Im Garten Sowohl in der Sonne als auch im Schatten fühlt sich das Zimbelkraut zwischen Steinen und in Ritzen wohl. Mit seinen langen Ausläufern wird es im Laufe der Zeit Mauern mit einem Schleier überziehen. Sinnvoll ist es, zunächst initiale Pflanzen zu setzen. Bei zusagendem Standort samt es sich gut aus und sucht sich neue Plätze. Man kann es auch in Töpfen als Hängepflanze verwenden. Gute Insektenweide (Bienen, Schwebfliegen).
Besonderes Es stammt von der Alpensüdseite, wo es in leicht feuchten Felsspalten siedelt.

SPANISCHES GÄNSEBLÜMCHEN

— *Erigeron karvinskianus*

Blüte Weiß, im Verblühen rosa, von Mai bis Oktober, Dauerblüher.
Wuchs 25 bis 30 cm, polsterbildend.
Lebensweise Staude, oft Selbstaussaat.
Im Garten Gefallen ihm Standort und Klima, wächst es zu einem wunderschönen Blütenteppich heran. Voraussetzung sind nicht zu tiefe Temperaturen im Winter und genügend Niederschläge im Sommer. Als Staude im Frühling setzen und genügend Abstand zu anderen Pflanzen einplanen.
Besonderes Das natürliche Verbreitungsgebiet reicht von Mexiko bis nach Südamerika. Schon im 18. Jahrhundert kam es als Zierpflanze nach Europa. Diese Art bevorzugt eher feuchte Standorte und mildes Klima.

GELBER LERCHENSPORN
— *Pseudofumaria lutea*

Blüte Dunkelgelb, von Mai bis Oktober.
Wuchs 20 bis 35 cm, wintergrün.
Lebensweise Staude, gute Selbstaussaat.
Im Garten Der anspruchslose Dauerblüher wird gepflanzt und gedeiht sowohl in der Sonne als auch im Halbschatten, sofern keine Schnecken in Reichweite sind. Normale Gartenböden werden toleriert, wobei er sich, wenn er seinen Standort selbst sucht, meist in engste Ritzen quetscht. Da er auch im Winter grünes Laub hat, muss man eigentlich gar nichts tun außer seine kleinen Keimlinge wachsen zu lassen. Gute Bienenweide.
Besonderes Eigentlich kam dieser Lerchensporn von der Südalpenseite, wo er in tiefen Spalten von Kalkfelsen wächst. Inzwischen ist er weit verbreitet, sogar über Europa hinaus.

ZARTES FEDERGRAS
— *Stipa tenuissima*

Blüte Silbrig, im Juli und August.
Wuchs 30 bis 50 cm.
Lebensweise Staude, Selbstaussaat.
Im Garten Dieses zarte Gras, auch Engelhaar genannt, benötigt einen sonnigen Standort. Das Wichtigste ist aber ein durchlässiger Boden, denn es reagiert sehr empfindlich auf Nässe. Je sandiger und trockner, desto ausbreitungsfreudiger ist dieses Gras. Am besten im Frühling gepflanzt, ergibt sich im Laufe der Zeit durch Selbstaussaat ein wunderschönes Pflanzbild. Im Winter stehen lassen.
Besonderes Den typischen Steppenbewohner findet man in Patagonien, aber auch im südlichen Nordamerika. Er wird nicht sehr alt, versamt sich aber hervorragend. An den Samen hat er lange, silbrige Blütengrannen.

☞ WEITERE ARTEN FÜR KIESBEETE, MAUERN UND FUGEN

PFLANZE	BLÜTEN-FARBE	BLÜTEZEIT	WUCHS	INIT. PFLANZ.	ANSAAT MÖGLICH	VERSA-MEND	AUS-LÄUFER
GROSSE OCHSENZUNGE *Anchusa azurea*	leuchtend-blau	Juni–Juli	kurzlebig 40–90 cm	✓	✓	✓	
ÄSTIGE GRASLILIE *Anthericum ramosum*	reinweiß	Juni–August	mehrjährig 20–60 cm	✓		✓	
IBERISCHES LÖWENMAUL *Antirrhinum glutinosum*	weißlichrosa	Mai–Oktober	kurzlebig 30–60 cm	✓	✓	✓	
ZITTERGRAS *Briza media*	grün	Mai–Juni	mehrjährig 20–40 cm	✓	✓	✓	
STAUDEN-RUCOLA *Diplotaxis tenuifolia*	gelb	Juni, September	kurzlebig 20–50 cm	✓	✓	✓	
ROSMARIN-WEIDENRÖSCHEN *Epilobium dodonaei*	rosa	Juli–September	mehrjährig 30–100 cm	✓		✓	✓
GOLDLACK *Erysimum cheiri*	violett, gelb, orange	April–November	kurzlebig 20–70 cm	✓	bedingt	✓	
KALIFORNISCHER MOHN *Eschscholzia californica*	weißlich bis orange	Juni–September	einjährig 20–30 cm		✓	✓	
ZYPRESSEN-WOLFSMILCH *Euphorbia cyparissias*	grünlichgelb	April–Juni	mehrjährig 20–40 cm	✓			✓
FÄRBERWAID *Isatis tinctoria*	gelb	Mai–Juni	zweijährig 50–100 cm		✓	✓	
KATZENMINZE *Nepeta × faassenii*	violettblau	Mai–Juli, September	mehrjährig 50–80 cm	✓		✓	
DORNIGE HAUHECHEL *Ononis spinosa*	rosarot	Juni–Juli	Halbstrauch 20–60 cm	✓		wenig	✓
ISLAND-MOHN *Papaver nudicaule*	gelb, weiß, orange	Mai–September	zweijährig 10–20 cm	✓	✓	✓	
KÜCHENSCHELLE *Pulsatilla vulgaris*	violett	März–April	mehrjährig 20 cm	✓	bedingt	✓	
QUIRLBLÜTIGER SALBEI *Salvia verticillata*	purpurvio-lett	Juli, September	kurzlebig 30–60 cm	✓	✓	✓	
ECHTES SEIFENKRAUT *Saponaria officinalis*	zartrosa	Juni–September	mehrjährig 50–80 cm	✓		✓	✓
TAUBEN-SKABIOSE *Scabiosa columbaria*	violett	Juli–September	kurzlebig 20–70 cm	✓	✓	✓	
ECHTER BERGFENCHEL *Seseli montanum*	weiß	Juli–September	kurzlebig 20–60 cm	✓		✓	
NELKEN-LEIMKRAUT *Silene armeria*	pink	Juni–September	einjährig 60 cm		✓	✓	
PAPIERBLUME *Xeranthemum annuum*	weißlila	Juli, September	einjährig 70 cm		✓	✓	

KRÄUTER WIE ZU GROSSMUTTERS ZEITEN

Einjährige Kräuter und Gewürzpflanzen müssen jedes Jahr frisch ausgesät werden, sie leben nur eine Vegetationsperiode. Ihr Aroma erfreut nicht nur uns Gärtner, sondern auch zahlreiche Insekten.

Zu den einjährigen Kräutern zählen beliebte Gewürze wie das Sommer-Bohnenkraut *(Satureja hortensis)* – nicht zu verwechseln mit dem Berg-Bohnenkaut *(Satureja montana)*, welches ein kleiner Halbstrauch und damit mehrjährig ist. Aber auch Dill und Majoran gehören dazu. Ganz im Gegensatz zu den bereits erwähnten Hungerkünstlern, wollen diese einjährigen Pflanzen eher einen nährstoffreichen Boden, einen sonnigen, aber nicht zu heißen Standort und eine gute Wasserversorgung. Deshalb sind sie typische Begleitkräuter im Gemüsegarten.

Checkliste

EINJÄHRIGE KÜCHENKRÄUTER

Diese Kräuter leben nur ein Jahr und müssen jedes Jahr neu ausgesät werden.

- ☐ Basilikum *(Ocimum basilicum)*
- ☐ Borretsch *(Borago officinalis)*
- ☐ Dill *(Anethum graveolens)*
- ☐ Gartenkresse *(Lepidium sativum)*
- ☐ Kapuzinerkresse *(Tropaeolum majus)*
- ☐ Kerbel *(Anthriscus cerefolium)*
- ☐ Koriander *(Coriandrum sativum)*
- ☐ Majoran *(Origanum majorana)*
- ☐ Ringelblume *(Calendula officinalis)*
- ☐ Rucola, Salatrauke *(Eruca sativa)*
- ☐ Sommer-Bohnenkraut *(Satureja hortensis)*

KRÄUTER IM GEMÜSEGARTEN

Grundvoraussetzung ist, dass der Boden offen ist und die Pflanzen somit keimen können. Viel Konkurrenz, besonders im Anfangsstadium, vertragen sie nicht. Man kann sie als kleine Pflänzchen im Frühling auch kaufen und ins Beet setzen. Die Erfahrung lehrt aber, dass es deutlich erfolgversprechender ist, wenn man sie im Frühling im Gemüse- oder Bauerngarten direkt an Ort und Stelle ansät. Es werden nicht alle Samen keimen, aber sie entwickeln sich dann eben genau dort, wo ihnen der Standort zusagt. Deshalb nicht nur punktuell aussäen, sondern sehr breitwürfig, locker über die Beete. Nicht einarbeiten, da die meisten von ihnen das Licht zum Keimen brauchen. Sind diese Einjährigen vielversprechend gewachsen, dann werden sie sich langfristig etablieren.

Meist nutzen wir ihre Blätter zum Würzen. Auch wenn das verlockt, sollten wir nicht alle Blätter ernten, denn die Pflanze braucht sie für die Fotosynthese. Zudem sollte man sie unbedingt zum Blühen kommen lassen: Sie haben schöne und vor allem viele Blüten, wie die attraktiven Doldenblütler Dill oder Kerbel. Das macht sich im Gemüsegarten wunderbar und bringt Farbe in die Beete. Außerdem sind alle Kräuter absolute Insektenmagneten. Und da all diese Kräuter so gut zur Blüte kommen und bestäubt werden, setzen sie viele Samen an. Sinnvoll ist es, einen Teil der

Bunte Blüten einjähriger Kräuter im Gemüsegarten

reifen Samen zu ernten – für die Aussaat im kommenden Jahr. Im Spätsommer sollte man aber trotzdem einige Samenstände stehen lassen – für die Selbstaussaat und als Futter für Vögel. Alle Einjährigen sterben bei uns im Winter komplett ab und keimen erst wieder bei warmer Witterung im Frühling. In wintermilden Klimaten können Rucola oder Ringelblume auch älter werden.

DER DUFT DES SÜDENS

Der Duft von Lavendel und blühendem Salbei, Sommerwärme und Sonne, da kommt Urlaubsstimmung auf. Deshalb sind mediterrane Kräuter so beliebt. Sie können es fast nicht heiß und sonnig genug haben. Um das auszuhalten, benötigen

Die Ringelblume (Calendula officinalis) blüht den ganzen Sommer – zu unser Freude und der der Wildbienen. Zudem versamt sie sich leicht, ohne zu stören. Calendula ist eine altbekannte Heilpflanze, welche vor allem bei Hautproblemen verwendet wird.

01

02

sie einen guten Verdunstungsschutz, welcher die Pflanzen meist silbrig weiß wirken lässt. Die Blätter des Lavendels *(Lavandula angustifolia)* sind beispielsweise mit einer Wachsschicht, die des Salbeis *(Salvia officinalis)* mit einem weichen Flaum überzogen. Abgeleitet von ihrem Naturstandort, wie den kargen Steinhängen der Provence, benötigen sie einen sehr mageren und wasserdurchlässigen, steinigen Boden. Niemals düngen! Deshalb sind sie auch ideale Pflanzen für einen heißen, trockenen Platz oder einen sonnigen Steingarten, denn dieser erwärmt sich über Tag und strahlt die Wärme nachts wieder ab. Das gefällt den Kräutern. Zudem entwickeln sich hier ihre ätherischen Öle und ihr Aroma besser. Diese aromatischen Pflanzen stammen ursprünglich aus Regionen, wo Niederschläge unregelmäßig und eher selten sind. Rund um das Mittelmeer hat sich ein Vegetationstyp entwickelt, der mit dieser Trockenheit umgehen kann: niedrigwüchsige Felsheiden aus Sträuchern, robuste Stauden, aber auch Zwiebelgewächse. Und so sind unsere beliebten mediterranen Küchenkräuter kleine Halbsträucher, was man an ihren zarten, aber verholzten Ästchen erkennen kann. Sie ziehen, wie es Stauden im Normalfall machen würden, auch im Winter nicht ein, sondern sind sogar immergrün. Die meisten dieser Mediterranen sind gut winterhart, problematisch ist eher Winter- oder gar Staunässe. Das vertragen sie überhaupt nicht. Neben ihrem oft aparten Laub blühen diese Kräuter unglaublich lange und üppig, was sie zu attraktiven Gartenpflanzen macht. Die meisten sind Lippenblütler – eine der Lieblingsblütenformen der Bienen. Und wie könnte es anders sein: Sie werden bestäubt und bilden dann Samen aus. In Gärten, wo ihnen der Standort zusagt, in Ritzen oder im Kies, beginnen auch die eher statisch wirkenden Halbsträucher, sich zu versamen und zu vagabundieren. Dabei können wie beim Lavendel sehr schöne, unterschiedliche Farbnuancen der Blüten entstehen.

Gut kann man diese Kräuter mit dem anpassungsfähigen Schnittlauch *(Allium schoenoprasum)* kombinieren. Wie alle *Allium*-Arten ist er eine Zwiebelpflanze, der allerdings nach der Blüte nicht einzieht. Das grüne Laub bleibt bis fast in den Winter stehen. Schnittlauch blüht etwas früher als die meisten mediterranen Kräuter. Schneidet man nicht alles bei der Kräuterernte ab und lässt ihn zum Blühen kommen, versamt er sich ausgezeichnet. Die daraus entstandenen Jungpflanzen werden über Jahre Gartenbesitzer erfreuen, denn der Lauch überdauert zuverlässig mit seinen immer dichter werdenden blühenden Zwiebelbeständen.

04

01 Mediterrane Kräuter lieben warme Standorte. Die Steine speichern die Hitze.

02 Einer der schönsten und bei Faltern beliebten Kräuter-Vagabunden ist der Schnittlauch, wenn man ihn zum Blühen kommen lässt.

03 Viele Kräuter und bunte Einjährige bevorzugen kiesige, sonnige Standorte. Deshalb harmonieren sie ausgezeichnet.

04 Besonnte Natursteinmauern strahlen angenehme Wärme ab. Da gedeiht Thymian besonders gut, und Eidechsen fühlen sich auch wohl.

04

DUFTNESSEL
— *Agastache foeniculum*

Blüte Lila, von Juni bis September, Dauerblüher.
Wuchs 60 bis 80 cm.
Lebensweise Kurzlebige Staude, Selbstaussaat.
Im Garten Die Duftnessel liebt trockene, durchlässige Böden an sonnigen Standorten. Sie wächst auch in normaler Gartenerde oder in raueren Lagen, wobei sie hier kurzlebiger ist. Erst im Frühjahr zurückschneiden, damit sie sich vorher noch gut versamen kann. Sinnvoll ist es, sie als fertige Staude zu setzen. Sie passt auch in Kiesbeete. Sehr gute Schmetterlings- und Bienenweide
Besonderes Die typische Präriestaude stammt aus dem Norden der USA und Süd-Kanada. Bei den Indianern war sie eine wichtige Heilpflanze. Als anisartiges Gewürz ist sie aus der mexikanischen Küche nicht wegzudenken.

SCHNITTLAUCH
— *Allium schoenoprasum*

Blüte Violett, von Mai bis Juli.
Wuchs 20 bis 25 cm.
Lebensweise Zwiebelgewächs, versamend.
Im Garten Schnittlauch treibt sehr früh im Jahr sein frisches Laub aus, das ganz besonders gut zum Würzen geeignet ist. Man sollte ihn nicht komplett abschneiden, da er später blüht und sich damit versamt. Schnittlauch kann man ins Kräuterbeet pflanzen, aber auch in Tontöpfe – solange der Platz sonnig ist. Guter Boden lässt ihn gut gedeihen. Staunässe umbedingt vermeiden. Schmetterlings- und Bienenweide.
Besonderes Diesen Lauch findet man nur auf der Nordhalbkugel, meist in alpinen Höhenstufen. Dort wächst er auf lockerem, leicht feuchtem Substrat, toleriert aber auch Trockenheit.

KLEINBLÜTIGE BERGMINZE
— *Calamintha nepeta*

Blüte Hellviolett, variabel, von Juli bis September.
Wuchs 30 bis 40 cm.
Lebensweise Staude, versamend.
Im Garten Diese Bergminze verbreitet einen angenehmen Duft. In der Sonne wächst sie auf fast allen Substraten, die kalkhaltig und nicht zu feucht sind. Durch ihre lange Blütezeit können sich Besitzer und Bienen an den thymianartigen Blüten erfreuen. Da sie sehr stark versamt, kann es in manchen Jahren sinnvoll sein, sie nach der Blüte zurückzuschneiden. Den Winter übersteht die mehrjährige Pflanze ohne Anstrengung. Insektenmagnet.
Besonderes Die Bergminze ist im warmgemäßigten Europa auf kalkhaltigen Steinschotterfluren, Felsen und im Karst beheimatet.

GEWÜRZ-FENCHEL
— *Foeniculum vulgare*

Blüte Grüngelb, von Juli bis Oktober.
Wuchs 120 bis 150 cm.
Lebensweise Staude, aber meist nur zweijährig, erhält sich durch Selbstaussaat.
Im Garten Die mächtigen Stauden sind wahre Hingucker. Deshalb sollten sie eher im Beethintergrund wachsen. Mit ihren großen Dolden sind sie nicht nur Gewürz-, sondern auch reizvolle Schmuckpflanzen. Fenchel gedeiht gut auf normalen, nicht zu trockenen Gartenböden und sät sich gut selbst aus. Minustemperaturen übersteht er problemlos. Bienenweide.
Besonderes Ursprünglich war er nur in Südeuropa und Westasien verbreitet. Inzwischen finden wir ihn als Neubürger sogar auf den Britischen Inseln oder Azoren.

ECHTER YSOP
— *Hyssopus officinalis*

Blüte Blau, im Juli und August, Nachblüte.
Wuchs 40 bis 60 cm.
Lebensweise Halbstrauch, Selbstaussaat.
Im Garten Ysop sollte im Beet oder Topf wie an seinem Naturstandort einen vollsonnigen Platz und eher mageren Boden bekommen. Ähnlich wie Lavendel muss er kräftig zurückgeschnitten werden – am besten im Frühling. Als Gewürz frisch verwenden. Hervorragende Schmetterlings- und Bienenweide.
Besonderes Ysop kommt im südlichen Europa, Westasien oder Nordafrika vor. Er wächst auf steinigen Böden, ja sogar Felsen und liebt sehr warmes Klima. Seit dem Mittelalter wird er als Gewürz-, Heil- und Zierpflanze auch in warmen Gegenden der Alpennordseite angebaut.

ECHTER LAVENDEL
— *Lavandula angustifolia*

Blüte Blauviolett, im Juni und Juli, Nachblüte.
Wuchs 60 bis 70 cm, wintergrün.
Lebensweise Halbstrauch, bei passendem Standort versamend.
Im Garten Lavendel braucht einen sehr sonnigen Platz und gut dränierten, mageren Boden. Allerdings sollte man ihn im Frühjahr zurückschneiden, damit er seine Form beibehält. Die Sämlinge mit oft interessanten Farbvarianten findet man in Ritzen und Kiesflächen wieder. Insektenweide.
Besonderes Die Heimat des Echten Lavendels liegt im Mittelmeerraum, zum Beispiel in der Provence, wo er auf den felsigen und trockenen Hängen ideale Bedingungen für sich findet. Sein Duft wirkt beruhigend. Wegen seines hohen Zuckergehaltes schätzen ihn Imker.

☞ *Auf duftenden Pfaden: trittfeste Kräuter*

01

Römische Teppich-Kamille

02

Kriechende Polei-Minze

03

Scharlachroter Sand-Thymian

01

Die winterharte Teppich-Kamille *(Chamaemelum nobile)* stammt ursprünglich aus dem Mittelmeerraum und wird gerne als trittfeste „Füllstaude" zwischen Gehwegplatten gepflanzt. Sie erreicht eine maximale Höhe von 15 cm, allerdings bleibt sie auf Wegen, die man häufig betritt, meist niedriger. Kompakter ist die Sorte 'Treneague', welche aber nicht zum Blühen kommt. Doch so strapazierfähig wie ein Rasen ist die Kamille dennochnicht, sie bleibt Lückenfüller. In Randbereichen kommt die Römische Teppich-Kamille zur Blüte und verströmt einen angenehmen leichten Apfelduft. Wichtig ist, dass sie in der Sonne und in kiesig-durchlässigem Substrat wächst, welches auf Wegen meist vorhanden ist. Man kann sie ansäen, einfacher ist es, sie als initiale Pflanzen zu setzen. Mit der Zeit breitet sie sich über kurze Ausläufer aus.

02

Die Heimat dieser intensiv duftenden Minze (*Mentha pulegium* 'Repens') liegt in etwas milderen Klimazonen Europas. Deshalb sollte man ihr in strengen Wintern bei Kahlfrost einen Schutz aus Tannenreisig geben. Sie bevorzugt normalen Gartenboden und einen halbschattigen Standort. Wie viele Minzen mag auch sie keine starke Trockenheit. Damit ist sie der ideale Duft-Begleiter auf absonnigen Wegen. Die Kriechende Polei-Minze ist ein sogenannter Ausläuferpionier, was ihre Verbreitungsstrategie ist. *Pulegium*, der Namenszusatz dieser Minze kommt vom lateinischen pulex, was Floh bedeutet. Deshalb nennt man sie auch Flohkraut und man hat sie früher als natürliches Insektizid verwendet. Sie ist nicht für Tees geeignet. Die Sorte 'Repens' ist eine stark kriechende Auslese, welche initial gepflanzt, schnell einen Teppich bildet.

03

Dieser immergrüne Thymian (*Thymus serpyllum* 'Coccineus') ist ein idealer Bodendecker für sonnige und trockene Wegsituationen: je trockener und magerer, desto besser. Er toleriert neben sich – außer den wärmenden Trittplatten – keine weiteren Pflanzen. Einmal etabliert, ist er aber ein sehr pflegeleichter Geselle. Natürlicherweise ist er in Mittel- bis Osteuropa verbreitet und ein großer Schmetterlingsmagnet. Ab Juni verwandelt sich der Thymian in ein rosafarbenes Blütenmeer. Sobald es im Herbst kalt wird, überrascht er uns noch mit einer roten Herbstfärbung. Da er recht langsam wächst, sollte man die Lücken von Anfang an recht eng bepflanzen, um möglichst bald einen Duftteppich zu erhalten.

VORGÄRTEN – AUFTAKT ZUM HAUS

Obwohl Eingangsbereiche der erste Eindruck eines Hauses sind, werden sie oft stiefmütterlich behandelt. Das geht manchmal so weit, dass sie geschottert zur vermeintlich pflegeleichten Restfläche werden.

Schlendern wir durch fremde Ortschaften oder Städte, ist es spannend zu sehen, wie Vorgärten aussehen, wer sich darin aufhält und man kommt vielleicht sogar mit dem Besitzer ins Gespräch. Deshalb sollte der Eingang einladend, bunt und vielfältig gestaltet werden. Vielleicht sogar mit einer kleinen Bank zum Verweilen, so war es früher.

PFLANZEN FÜR DEN HALBSCHATTEN

Der schönste Auftakt zu einem Haus ist ein bunt blühender Vorgarten mit einem Baum oder einem großen Solitärstrauch. Er dient als Vermittler zwischen der Höhe des Hauses und dem Boden und nimmt dem Gebäude die Wuchtigkeit. Damit es allerdings unter dem Gehölz schön blühen kann und wir vagabundiere Pflanzen einsetzen können, müssen die Wurzeln diese auch tolerieren. Daher sollte es sich eher tiefwurzelnde Gehölze handeln. Am besten sind Laubgehölze zu verwenden, da sie im Frühjahr Licht auf den Boden lassen, was vor allem für die Frühjahrs-Geophyten wichtig ist. Aber auch später ist der Schatten unter ihnen nicht so tief, was die darunter wachsenden Pflanzen im Wuchs kräftigt. Koniferen sind für eine Unterpflanzung schlecht geeignet.

Die Auswahl der krautigen Schicht in den Vorgartenbeeten entscheidet in erster Linie die Besonnung. Das bezieht sich auch auf die Gebäude. Meist sind Hauseingänge nördlich ausgerichtet, was bedeutet, dass wir hier dann auf eher schattenverträgliche Stauden für absonnige Pflanzungen zurückgreifen sollten. Doch da dies kein tiefer Schatten ist, sind die Auswahlmöglichkeiten recht groß. Wichtig ist, dass wegbegleitende Stauden eher niedrig gehalten werden sollten, in Ausnahmen darf die eine oder andere Pflanze etwas in den Weg ragen. Das erzeugt eine gewisse Spannung. Danach geht die Höhenstaffelung nach oben, was ein Beet größer wirken lässt.
Und warum hier Flaneure verwenden? Weil sie uns als Gartenbesitzer überraschen. Sie wechseln zwischen den eher statischen Stauden immer Mal wieder ihren Platz, wie das kurzlebige Silberblatt *(Lunaria biennis)*. Viele der schönen Halbschattenstauden, die später beschrieben werden, kann man sehr gut hier einsetzen. Eine interessante Kombination ist es, Ausläuferbildende in Konkurrenz mit versamenden Pflanzen zu bringen. Hier geht es nicht darum, wer gewinnt. Man sollte vielmehr mit etwas Fantasie der einen oder anderen Einhalt gebieten. Da aber alle robust sind, muss man keine Sorge haben, dass sich ein starker Eingriff negativ auswirkt. Meist ist dieser sogar förderlich.

01

01 Steppen-Salbei 'Amethyst' und der kurzlebige Purpur-Klee umschmeicheln den Eingangsweg und machen ihn abwechslungsreicher.

02 Der Weg zum Haus kann bei richtiger, vielfältiger Pflanzenauswahl in fast jeder Jahreszeit zum Erlebnis werden.

03 Bunte Mischung heimischer Wildstauden im Halbschatten: Kriechender Günsel, Große Sternmiere, Mondviole und Wolfsmilch

04 Storchschnabel, Kaukasus-Vergissmeinnicht und Frauenmantel – ein klassischer Dreiklang für absonnige Bereiche

03

02

04

GEWÖHNLICHER FRAUENMANTEL
— *Alchemilla xanthochlora*

Blüte Gelbgrün, von Mai bis August.
Wuchs 30 bis 50 cm.
Lebensweise Staude, reichlich versamend.
Im Garten Diese Wildstaude bevorzugt einen sonnigen oder halbschattigen, nicht zu trockenen Standort. Sie ist sehr anspruchslos. Nach der Blüte kann man sie zurückschneiden, dann treibt sie wieder neue Blätter aus und versamt nicht zu stark. Idealer Begleiter von Staudenpflanzungen auf normalen Gartenböden. Insektenweide.
Besonderes Die Art ist fast in ganz Europa weit verbreitet, vor allem im Gebirge. Sie wächst gerne in leicht feuchten, nährstoffreichen Weiden. Ihr Blatt mit Lotuseffekt hat schon früh die Fantasien der Altvorderen hervorgerufen: Es soll an den gefältelten Mantel Mariens erinnern.

GROSSE STERNDOLDE
— *Astrantia major*

Blüte Weißlich-rosa,von Juni bis August.
Wuchs 50 bis 70 cm.
Lebensweise Staude, versamend.
Im Garten Unkomplizierte, langlebige und frostharte Staude für den Halbschatten auf normalem, mäßig feuchtem Gartenboden. Gestalterisch ist sie mit anderen Stauden sehr gut kombinierbar. Wenn sie sich zu stark versamt, kann man sie nach der Blüte abschneiden. Manchmal schiebt sie dadurch sogar eine Nachblüte. Obwohl sie eine heimische Wildpflanze ist, fällt sie im Garten mitunter dem Schneckenfraß zum Opfer. Bienenweide.
Besonderes Die Sterndolde ist in Europa von Spanien bis zum Kaukasus in den Bergregionen verbreitet. In Deutschland findet man sie in den lichten Bergwäldern der Alpen.

KAUKASUS-VERGISSMEINNICHT
— *Brunnera macrophylla*

Blüte Hellblau, im April und Mai.
Wuchs 30 bis 50 cm.
Lebensweise Staude, versamend.
Im Garten Die unkomplizierte, langlebige Staude wächst am liebsten in feucht-humosen Böden in der Sonne oder im Halbschatten. Ihr raues Blatt widersetzt sich jeden Schneckenattacken. Kaukasus-Vergissmeinnicht versamt sich leicht. Wenn es zu viel wird, kann man es nach der Blüte zurückschneiden. Man sollte den Platzbedarf nicht unterschätzen. Unverzichtbar im Frühlingsgarten – an den Blüten sind die ersten Wildbienen im Jahr zu beobachten.
Besonderes Im Kaukasus wächst das mehrjährige Vergissmeinnicht in feuchten Wäldern und an höheren, humosen Berghängen.

PURPUR-FINGERHUT
— *Digitalis purpurea*

Blüte Purpurrot, im Juni und Juli.
Wuchs 80 bis 100 cm.
Lebensweise Zweijährig, erhält sich durch Selbstaussaat.
Im Garten Heimische Blütenpflanze, welche bei zusagendem Standort – humos, niemals kalkreich und halbschattig – sehr robust ist. Da sie zweijährig ist, benötigt sie für die Selbstaussaat offenen Boden. Blütenstände stehen lassen. Wegen Giftigkeit Kleinkinder fern halten! Die Punkte auf der Blüte simulieren Staubbeutel, wodurch Hummeln angelockt werden.
Besonderes Im ganzen westlichen Europa bis nach Marokko verbreitet. Man findet ihn oft in Massen nach einem Kahlschlag auf einer Waldlichtung oder an Waldwegen.

Sedum-Arten: Selbst auf dem Dach eines Müllhäuschens kann Vielfalt wachsen.

DACHBEGRÜNUNG – BIODIVERSITÄT HOCH ZWEI

Ein Dach bepflanzen, wozu denn? Im Normalfall sieht man es gar nicht. Und trotzdem entscheiden sich immer mehr Bauherren dazu, ihre Dächer begrünen zu lassen, wenn es behördlicherseits erlaubt wird.

Was sind die Vorteile und was muss beachtet werden? Es gibt die intensive Dachbegrünung, welche wie ein Garten in luftiger Höhe ist. Hier muss die Statik vorher bis ins kleinste Detail durchgeplant sein. Einfacher ist die sogenannte extensive Dachbegrünung, welche auch im Nachhinein auf ein bestehendes Flachdach gebaut werden kann.

EXTENSIV BEGRÜNT

Grundsätzlich funktioniert solch eine Begrünung nur auf einem flachen oder leicht schrägen Dach. Und auch hier sollte ein statisches Gutachten zur Tragfähigkeit ausgearbeitet werden, egal ob für einen Carport oder ein Wohnhaus. Das ist insofern sehr wichtig, da man darauf basierend entscheidet, wieviel Substrat aufgebracht werden darf. Es macht einen Unterschied, sowohl für das Gewicht als auch für die spätere Zusammensetzung der Pflanzen.

Ökologisch gesehen ist Natur auf dem Dach sehr sinnvoll. Es geht bei Weitem nicht nur um die Optik. Bei starken Regenefällen funktioniert das Gründach wie ein Schwamm, hält das Wasser zurück und leitet es erst zeitverzögert ab. In der

Auf Dächern in Städten entsteht immer mehr Naturerlebnis.

Schöner Hungerkünstler: die pinkfarbene Karthäuser-Nelke

Masse an Dächern, denken wir beispielsweise an Gewerbebauten, kann dies tatsächlich entscheidende Auswirkungen haben. Zudem wirkt das Substrat wie eine Filterschicht. Das Wasser hat dadurch eine gute Qualität – es lohnt sich, dieses in einer Zisterne zu sammeln.

Der entscheidende Faktor für eine erfolgreiche Dachbegrünung – neben der technisch korrekten Ausführung – ist die passende Auswahl an Pflanzen, da auf einem Dach extreme Bedingungen herrschen. Es ist meist heiß und sonnig, oft windig. Zudem ist die Bodenschicht dünn, und im Winter ist es feucht. Deshalb greift man hier auf robuste heimische Pflanzengesellschaften – Trockenrasen oder Felsvegetation – zurück. Die Pflanzen müssen ein flachgründiges Wurzelwerk haben, um der Dachabdichtung keinen Schaden zuzufügen.

PFLANZEN UND SÄEN

Sinnvoll ist die Begrünung über ein kombiniertes Pflanz- und Ansaatverfahren. Zum einen werden initiale Stauden gesetzt. Dafür eigenen sich Halbsträucher wie Thymian oder auch Stauden des Magerwiesenflors. Sehr schön sind kleinbleibende *Iris*-Arten wie *Iris × barbata-nana*. Dabei genügt eine Pflanze auf dem Quadratmeter. Dazu erfolgt eine Ansaat mit einem speziell zusammengestellten Saatgut für Dachbegrünung und eine sogenannte *Sedum*-Sprossensaat. Dabei handelt es sich um Pflanzenteile vom heimischen Mauerpfeffer *(Sedum)*, welcher schon bei der geringsten Berührung mit dem Boden gut anwurzelt. Damit spart man sich teure Pflanzware und Zeit, allerdings müssen diese Sprossen einen guten Bodenschluss haben, also leicht angewalzt werden. Ein weiterer Vorteil einer Ansaat ist, dass sich diejenigen Pflanzen der artenreichen Mischung durchsetzen werden, denen der Standort am besten zusagt. Zudem werden sie sich durch Selbstaussaat im Laufe der Jahre gut vermehren und auch verändern. Generell werden diese lichthungrigen Blütenpflanzen, allen voran die *Sedum*-Arten, ausgesprochen gerne von Insekten besucht, sogar Bodenbrüter siedeln sich inzwischen temporär auf Dächern an, womit ein Gründach zum Biotop für Tiere wird. Darüber hinaus funktionieren einige wärmeliebende Kräuter oder Pflanzen, die im Kies oder in sonnigen Ritzen gut gedeihen, auch auf dem Gründach.

HEIDE-NELKE
— *Dianthus deltoides*

Blüte Rosa, von Juni bis August.
Wuchs 20 bis 30 cm.
Lebensweise Kurzlebig, versamend.
Im Garten Diese sonnenliebende Heidegartenpflanze eignet sich sehr gut für die Dachbegrünung: Sie hat ein flaches Wurzelwerk und toleriert auch trockene Perioden. Sie ist zwar kurzlebig, verwildert aber ausgesprochen gut bei zusagendem Substrat. Eine Pflege ist nicht nötig. Man kann sie als Staude initial setzen oder mit Saatgut etablieren (Frostkeimer). Von Faltern wird sie als Nektar- und Futterpflanze angeflogen.
Besonderes In Eurasien auf mageren, nicht allzu kalkigen Heideflächen beheimatet. Da extensive Weiden immer seltener werden, geht ihr Bestand stark zurück. Sie steht unter Naturschutz.

ORANGEROTES HABICHTSKRAUT
— *Hieracium aurantiacum*

Blüte Orangerot, im Juni und Juli.
Wuchs 10 bis 25 cm, teppichartig.
Lebensweise Staude.
Im Garten Dieses heimische Habichtskraut besticht durch seine besondere Farbe und das unkomplizierte Wuchsverhalten. Es bevorzugt einen sehr sonnigen Standort und vermehrt sich durch Ausläufer und Samen. Deshalb wird es gerne in der Dachbegrünung und für Steingärten eingesetzt. Als Staude einmal gepflanzt, macht es kaum noch Arbeit. Falls es zu dominant werden sollte, wird es verkleinert. Seine niedrig am Boden liegenden Blätter sind immergrün. Insektenweide.
Besonderes In den höheren Lagen Europas besiedelt es nährstoffarme, sonnige Matten. Inzwischen findet man es auch an mageren Böschungen.

☞ WEITERE ARTEN FÜR DIE DACHBEGRÜNUNG

PFLANZE	BLÜTEN-FARBE	BLÜTEZEIT	WUCHS	INIT. PFLANZ.	ANSAAT MÖGLICH	VERSA-MEND	POLSTER-BILDEND
KATZENPFÖTCHEN *Antennaria dioica*	weiß	Mai–Juni	mehrjährig 5–25 cm	✓			✓
GRASNELKE *Armeria maritima*	pink	Mai	mehrjährig 15 cm	✓		✓	✓
RUNDBLÄTTRIGE GLOCKEN-BLUME *Campanula rotundifolia*	blau	Juni–September	mehrjährig 20–50 cm	✓	✓	✓	✓
BLAUSCHWINGEL *Festuca cinerea*	unscheinbar	Juni–Juli	mehrjährig 10–15 cm	✓		✓	
KLEINES MÄDESÜSS *Filipendula vulgaris*	weiß	Juni–Juli	mehrjährig 15–40 cm	✓		✓	
BLUTROTER STORCHSCHNABEL *Geranium sanguineum*	purpur-farben	Juni–August	mehrjährig 25–40 cm	✓		etwas	✓
TEPPICH-SCHLEIERKRAUT *Gypsophila repens*	weiß	Mai–Juli	mehrjährig 15–25 cm	✓		etwas	✓
ZWERG-IRIS *Iris pumila*	violett	Mai–Juni	mehrjährig 15 cm	✓			✓
GOLD-FLACHS *Linum flavum*	gelb	Juni–August	kurzlebig 20 cm	✓		✓	
DOST *Origanum vulgare* 'Compactum'	hellrosa	Juli–September	mehrjährig 10–20 cm	✓		etwas	✓
FELSENNELKE *Petrorhagia saxifraga*	rosa	Juni–August	kurzlebig 15–25 cm	✓		✓	
FÜHLINGS-FINGERKRAUT *Potentilla tabernaemontani*	gelb	Mai–Juni	mehrjährig 15–20 cm	✓			✓
GROSSBLÜTIGE BRAUNELLE *Prunella grandiflora*	violett	Juli–August	mehrjährig 10–20 cm	✓			✓
MOOSSTEINBRECH *Saxifraga arendsii*	rot	April–Mai	mehrjährig 10 cm	✓			✓
MAUERPFEFFER *Sedum* spec.	gelb, weiß	Juni–Juli	mehrjährig 5 –20 cm je nach Art	✓			✓
HERBST-LEIMKRAUT *Silene schafta* 'Splendens'	rosa	August–Oktober	mehrjährig 10 cm	✓			✓
BÜSCHEL-FEDERGRAS *Stipa capillata*	silbrig	Juni–Juli	kurzlebig 30–80 cm	✓	✓	✓	
ZITRONEN-KÜMMEL-THYMIAN *Thymus herba-barona* var. *citriodora*	rosa	Juni–Juli	mehrjährig 5 cm	✓			✓

GEHÖLZRAND & LICHTER HAIN

Im Zuge wärmerer Sommer werden schattige Gärten immer wichtiger – zum einen für das städtische Klima, denn Bäume senken auf eine angenehme Weise die Temperaturen, und zum anderen für uns selbst.

Was gibt es Schöneres, als sich an einem heißen Sommertag im Schatten eines Baumes oder einer lichten Gehölzgruppe aufzuhalten? Doch viele Gartenbesitzer sind unsicher, wie man mit solchen Gartenbereichen umgehen soll, oftmals werden Gartenecken mit weniger Licht sogar als negativ gewertet. Und dabei sind sie bei richtiger Anlage ein absolutes Highlight im Garten.

ÖKOLOGIE DES GEHÖLZRANDS

Es ist immer gut, sich mit den natürlichen Vorkommen von Pflanzen auseinanderzusetzen. Es hilft dabei, ihr Verhalten und ihre Bedürfnisse besser zu verstehen. Gehölzränder sind meist nährstoffreich, denn aus den sich zersetzenden Blättern entsteht im Laufe der Jahre eine nährstoffreiche, lockere Mullschicht.

Schattengärten haben ihren Blühhöhepunkt im Frühling, was leicht nachvollziehbar ist. Denn die meisten dieser Stauden stammen aus Laub-Mischwäldern, die nach dem Winter noch unbelaubt sind. Und so sind diese Bereiche im Frühjahr lichtdurchflutet. Im späten Frühjahr treiben die Blätter der Bäume aus und es wird dunkel im Wald. Alle krautigen Pflanzen im Unterwuchs haben somit nur eine kurze Zeitspanne, um zu wachsen und sich zu vermehren – ein starker Ausbreitungsdrang ist ihnen allen gemeinsam.

Unter den Schattenpflanzen gibt es eine ganze Menge zweijähriger Stauden. Durch Waldbewirtschaftung oder Tiere entstehen im Boden immer

01

02

03

01 Ein ganz besonderes Highlight im späten Frühling: Hundszahn-Lilie, Dreiblattlilie und der zartrosa Zahnwurz

02 Die Pfirsichblättrige Glockenblume ist sehr widerstandfähig und zudem ein zuverlässiger Frühsommerblüher.

03 Alle Helleborus-Arten, wie hier die Lenzrose, sind es wert, gepflanzt zu werden. Sie sind dankbar und vermehren sich gut.

04 Blauer Herbst-Eisenhut neben mächtigem Wald-Geißbart. So statisch er wirkt, er sät sich gut aus, ohne überhand zu nehmen .

04

wieder größere oder kleinere offen Bereiche. Eine ideale Grundlage zum Keimen. Stauden wie das Silberblatt *(Lunaria biennis)* blühen intensiv und bilden Samen, damit der Bestand sich erhält. Zudem müssen sie Insekten in den Wald locken, die ihre Blüten bestäuben. Dies passiert zum einen über ihre helle, meist weiße Blütenfarbe oder auch den Duft. Deshalb finden wir unter den Waldpflanzen einige intensive Duftpflanzen wie die Nachtviole *(Hesperis matronalis)*, welche nachts ihren süßlichen Geruch verströmt und von Nachtfaltern bestäubt wird. Möchten wir diese schönen Gestalten in unserem Schattengarten halten, müssen wir schauen, dass auch offener Boden vorhanden ist.
Eine andere Strategie ist, sich durch unterirdische Rhizome auszubreiten, wie es das Buschwindröschen *(Anemone nemorosa)* praktiziert. Besonders in heimischen Buchenwäldern sind riesige Bestände anzutreffen. Es lohnt sich, diese kleine, extrem früh blühende Anemone als Bodendecker im eigenen Frühlingsgarten auszuprobieren. Passt ihr der Standort, wird sie sich willig vermehren. Eine Kuriosität: Ihre recht schweren Samennüsschen werden von Ameisen über ausgedehnte Strecken verteilt. So können weit weg von der Mutterpflanze neue Bestände entstehen.
Mit dem Ende des Frühjahrs ist die Blütenpracht vorbei. Nur noch größere Stauden wie der cremefarben blühende Wald-Geißbart *(Aruncus dioicus)* leuchten aus dem Dunkel des Waldes.

SCHATTENGÄRTEN SIND IMMER IN VERÄNDERUNG

Für den Gehölzrand gibt es einige sehr gut versamende Arten, wie den Roten Fingerhut *(Digitalis purpurea)*. Sie sind eher kurzlebig, blühen dafür umso prächtiger. Wichtig ist dabei, dass sie offenen Boden zum Keimen finden – deshalb niemals Rindenmulch verwenden. Zudem verändert er den pH-Wert so sehr ins Saure, dass vorhandene Stauden nachhaltig geschädigt werden können. Bei einer Schattenpflanzung sollte der Boden überwiegend geschlossen sein – mit offenen Stellen für unsere Sämlinge. Die Kunst liegt darin, Bodendecker, strukturgebende Stauden, kurzlebige, versamende Arten und andere Vagabunden wie Frühlingsblüher harmonisch zu kombinieren. In der Farbgebung bietet es sich an, Pflanzen mit freundlichem Laub und Stauden mit eher leuchtenden Blüten zu verwenden, um diese von Natur aus dunklen Bereiche, aufzuhellen. Bei der Anlage sollte man zunächst den Boden begutachten:

01

02

03

Schattenpflanzen bevorzugen meist lockeren-Humus mit einem hohen organischen Anteil, in dem sie sich vermehren können. Gegebenenfalls kann man mit Kompost oder verrottetem Laub nachhelfen – dabei nicht sparen! Zu beachten ist auch der Wurzeldruck: Wie stark, tief und dicht durchziehen die Wurzeln der beschattenden Gehölze den Boden? Diese Bereiche direkt unter Gehölzen sind meist schwer oder gar nicht zu bepflanzen. Hier kommen uns jedoch ganz besonders Vagabunden zu Hilfe: Akeleien. Wirft man im späten Frühling auf eine vorher fein aufgetragene Schicht Kompost Akeleisamen, keimen diese zuverlässig und werden sich schon nach einem Jahr etabliert haben.

01 Eine der schönsten Vertreter schattenliebender Wanderer ist der zweijährige Rote Fingerhut (Digitalis purpurea). Er braucht immer einen offenen Bereich zum Keimen, sonst verschwindet er.

02 Unser heimisches Buschwindröschen ist ein wunderbarer Bodendecker für den schattigen Frühlingsgarten. Es zieht im Sommer ein.

03 Der Gelbe Fingerhut ist im Gegensatz zum Roten etwas träger: Er wandert nicht so leicht, aber dafür lebt er länger als zwei Jahre.

WALD-GEISSBART
— *Aruncus dioicus*

Blüte Cremeweiß, üppig, im Juni und Juli.
Wuchs 100 bis 150 cm.
Lebensweise Langlebige Staude, versamend.
Im Garten Diese unkomplizierte heimische Schattenstaude wird sehr groß. Wichtig ist, dass der Boden genügend Feuchtigkeit hat. Gelegentlich mit Kompost düngen. Gestalterisch hellt er mit seinen cremeweißen Blüten tiefen Schatten gut auf. Die Fruchtstände sind den ganzen Winter über attraktiv und bergen das Potenzial vieler Keimlinge (Frostkeimer). Bei Platzmangel rechtzeitig entfernen. Insektenweide.
Besonderes Die Heimat des typischen Waldbewohners sind höhere Lagen gemäßigter Gebiete der Nordhalbkugel. In Norddeutschland kommt er natürlicherweise nicht vor.

ORIENTALISCHE LENZROSE
— *Helleborus orientalis*

Blüte Variabel, von grün über weiß bis dunkelpurpurn, von Februar bis April.
Wuchs 30 bis 40 cm, immergrünes Laub.
Lebensweise Langlebige Staude, gut versamend.
Im Garten Diese Staude gedeiht am besten im Halbschatten auf humosem Waldboden. Sie bringt mit ihren Blüten im zeitigen Frühjahr Leben in den Garten, auch als attraktive Pollenblüte für Hummeln. Die Lenzrose neigt stark dazu, sich zu versamen und zu kreuzen. Deshalb weiß man bei den Sämlingen nie, welche Blütenfarbe oder Form entsteht. Im Spätwinter kann man die alten Blätter entfernen, dann kommen ihre Blüten besser zur Geltung. Als Initialstauden setzen.
Besonderes Kommt ursprünglich aus der Türkei und dem Kaukasus.

NACHTVIOLE
— *Hesperis matronalis*

Blüte Lila, von Mai bis Juli, duftend.
Wuchs 60 bis 70 cm.
Lebensweise Kurzlebig, Selbstaussaat.
Im Garten Die Nachtviole bevorzugt nährstoffreiche, sonnige bis absonnige Standorte. In einem humosen, aber durchlässigen Gartenboden gedeiht sie am besten. Die farbenfrohe, nicht ganz standstarke Stauden- und Gehölzbegleitpflanze kann gesetzt werden, noch besser funktioniert eine Ansaat im späten Frühjahr. Insektenweide, Schmetterlingsraupen-Futterpflanze.
Besonderes Die Nachtviole ist von Südeuropa bis zu den Südostalpen beheimatet. Sie bevorzugt feucht-humose Ruderalflächen in etwas höheren Lagen; in kalkarmen Gebieten fehlt sie. Sie duftet abends und lockt damit auch Nachtfalter an.

MONDVIOLE
— *Lunaria rediviva*

Blüte Hellviolett, im Mai und Juni, duftend.
Wuchs 80 bis 120 cm.
Lebensweise Staude, etwas versamend.
Im Garten Die heimische Mondviole ist eine echte Staude. Sie wertet mit ihren hellen, duftenden Blüten jeden Schattenbereich auf, solange der Boden frisch-humos ist. Ihr hellgrünes Blatt und ihre buschige Gestalt machen sie als mittlere Solitärstaude attraktiv. Die silbrigen Fruchtschoten sorgen bis weit in den Winter für ein weiteres Highlight; dabei versamt sie sich, ohne lästig zu werden. Ihr Duft lockt Nachtfalter an.
Besonderes Sie kommt in feucht-schattigen Laubwäldern Europas vor.
Weitere Art Das verwandte Silberblatt (*Lunaria annua*) ist nur zweijährig.

WALD-VERGISSMEINNICHT
— *Myosotis sylvatica*

Blüte Hellblau, von April bis Juni.
Wuchs 15 bis 30 cm.
Lebensweise Kurzlebig, gute Selbstaussaat.
Im Garten Man kann diese unkomplizierte heimische Staude in schattigen Partien als Pflanze im Frühling setzen oder als Ansaat bis in den Oktober ausbringen. Am besten wirkt sie in Lücken zwischen Stauden und Gräsern und über die ganze Pflanzung verteilt. Durch Selbstaussaat wird es sich auf nährstoffreichen, humosen, nicht zu trockene Böden halten. Gute Nektarpflanze.
Besonderes Die Urmutter unserer beliebten Gartenblume kommt in lichten Wäldern Eurasiens vor. Bestäubt wird sie von langrüsseligen Insekten. Ihre Samen sind mit nur 0,005 mm die kleinsten unserer heimischen Flora.

GROSSE STERNMIERE
— *Stellaria holostea*

Blüte Weiß, von April bis Juni.
Wuchs 15 bis 30 cm, immergrün.
Lebensweise Staude, ausläuferbildend.
Im Garten Die typische Schattenpflanze benötigt einen gut humosen Boden, der nicht austrocknen darf. Man kann sie als Bodendecker verwenden, da sie durch Ausläufer rasch einen Teppich bildet. Zudem hellt sie im Frühling dunkle Ecken mit ihren Blüten auf. Am besten pflanzt man sie mit genügend Abstand, dann verbreitet sie sich, auch durch Selbstaussaat. Insekten- und Bienenweide.
Besonderes Ihr Verbreitungsgebiet liegt in den gemäßigten Zonen Europas – in lichten Laubwäldern. Sie ist wintergrün und wächst stetig weiter. Deshalb war sie früher ein wichtiger Lieferant für vitaminreichen Wintersalat.

☞ WEITERE ARTEN FÜR HALBSCHATTEN & GEHÖLZRAND

PFLANZE	BLÜTEN-FARBE	BLÜTEZEIT	WUCHS	INIT. PFLANZ.	ANSAAT MÖGLICH	VERSA-MEND	AUS-LÄUFER
KNOBLAUCHSRAUKE *Alliaria petiolata*	weiß	April–Mai	zweijährig 60–80 cm	✓	✓	✓	
HIRSCHZUNGENFARN *Asplenium scolopendrium*			mehrjährig 30–60 cm	✓		✓	
WALD-GLOCKENBLUME *Campanula latifolia* var. *macrantha*	violett	Juni–Juli	mehrjährig 90–100 cm	✓	eher nein	✓	
FINGERBLÄTTRIGE ZAHNWURZ *Cardamine pentaphyllos*	rosalila	März–April	mehrjährig 30–40 cm	✓			etwas
RIESEN-SEGGE *Carex pendula*	braun	Juni–Juli	mehrjährig 50–120 cm	✓		✓	etwas
WALD-SCHMIELE *Deschampsia cespitosa*	goldbraun	Juni–August	mehrjährig 60–100 cm	✓			✓
WALD-ERDBEERE *Fragaria vesca*	weiß	Mai–Juni	mehrjährig 15 cm	✓			✓
ECHTER WALDMEISTER *Galium odoratum*	weiß	Mai	mehrjährig 20 cm	✓		etwas	✓
BERGWALD-STORCHSCHNABEL *Geranium nodosum*	lilarosa	Mai–Oktober	mehrjährig 30–50 cm	✓		✓	etwas
LEBERBLÜMCHEN *Hepatica nobilis*	lilablau	März–April	mehrjährig 10 cm	✓		✓	
SCHNEE-MARBEL *Luzula nivea*	weiß	Juni–Juli	mehrjährig 20–40 cm	✓		wenig	
WALD-SCHEINMOHN *Meconopsis cambrica*	gelb	Mai–Juni	kurzlebig 30 cm	✓	✓	✓	
IMMENBLATT *Melittis melissophyllum*	weißlichrosa	Mai–Juni	mehrjährig 30–50 cm	✓		wenig	
JAKOBSLEITER *Polemonium caeruleum*	himmelblau	Juni–Juli	mehrjährig 60–80 cm	✓	bedingt	✓	
HOHES SALOMONSSIEGEL *Polygonatum × hybridum* 'Weihenstephan'	weiß	Mai–Juni	mehrjährig 100 cm	✓			✓
WALD-SCHLÜSSELBLUME *Primula elatior*	hellgelb	März–April	mehrjährig 10–20 cm	✓	✓	✓	
GELBDOLDE *Smyrnium perfoliatum*	grüngelb	April–Mai	zweijährig 60 cm	✓	✓	✓	
AKELEIBLÄTTRIGE WIESEN-RAUTE *Thalictrum aquilegiifolium*	lilarosa	Juni–Juli	mehrjährig 100 cm	✓		etwas	

BLUMENZWIEBELN – DER AUFTAKT IM GARTENJAHR

Im Frühling, wenn wir uns nach dem langen Winter nach den ersten Blüten sehnen, eröffnen die frühblühenden Zwiebeln das Gartenjahr. In Kombination mit Stauden lassen sich fröhliche, edle und interessante Pflanzbilder gestalten.

Am besten kommen Zwiebelpflanzen in größeren Mengen zur Geltung. Dafür gibt es zwei Wege: Man kann im Herbst während der Pflanzzeit Unmenge an Zwiebeln vergraben. Dies bedeutet sowohl einen finanziellen als auch einen sehr arbeitsintensiven Aufwand. Oder man übt sich einige Jahre in Geduld und lässt die Pflanzen sich selbst vermehren. Für einen Erfolg muss man überwiegend Wildformen und die richtigen Arten für den vorhandenen Standort bzw. Boden auswählen.

MIT ZWIEBELBLUMEN GESTALTEN

Gestalterisch sollte man unterscheiden zwischen einer wiesenartigen und einer eher solitären Verwendung. Frühlingsgeophyten, welche mit der Zeit durch Versamung dichte Bestände bilden, setzt man sinnvollerweise in Rasen oder Wiese. Dazu gehören die noch fast im Schnee blühenden gelben Winterlinge *(Eranthis hyemalis)*, ebenso wie Schneeglöckchen oder Krokusse. So schnell diese kleinen Blühwunder im Frühling da sind, so schnell ziehen sie auch wieder ein. Sie hinterlassen keine Lücken, Wiese oder Rasen können sich somit gut weiterentwickeln. Wie bei allen Zwiebelpflanzen sollte man auch hier abwarten, bis sich die Blätter eingezogen haben. Beherzigt man dies nicht, schwächt man im Laufe der Jahre die Zwiebeln, und sie werden weniger anstatt mehr.

Vor Gehölzen und im Unterholz können wir mit etwas höheren Zwiebeln arbeiten, wie dem dekorativen Atlantischen Hasenglöckchen *(Hyacinthoides non-scripta)* oder unserem heimischen Bärlauch *(Allium ursinum)*. Beide wollen einen nicht zu trockenen Standort, der Unterschied allerdings liegt im Wuchsverhalten. Der Bärlauch

02

01

03

breitet sich unnachgiebig aus, was man unbedingt bei seiner Pflanzung berücksichtigen sollte. Hat man Bereiche im Garten, wo man froh ist, wenn man keine Arbeit hat und es einfach nur „zu“ ist, dann ist er geeignet. Allerdings zieht er ab Mai ein und die Blätter vergilben.

Die Königinnen unter den Zwiebelpflanzen sind die Narzissen. Nur Wildformen oder sehr alte Sorten entwickeln im Laufe der Jahrzehnte große Bestände – langsam und kontinuierlich. Sie dürfen nicht zu trocken stehen, ein normaler Gartenboden ist ihnen gerade recht. Eine dieser besonders attraktiven Wildformen ist die etwas später blühende Dichter-Narzisse *(Narcissus poeticus)*.

01 Puschkinien und Strahlenanemone als Jahresauftakt

02 Die ersten Lichtblicke im Garten sind Winterlinge und Schneeglöckchen. Mit der Zeit verbreiten sie sich wunderschön.

03 So exotisch die Schachbrettblume aussieht, sie ist heimisch und nicht kompliziert. Nur zu trocken sollte sie nicht stehen.

WINTERLING
— *Eranthis hyemalis*

Blüte Gelb, im Februar und März .
Wuchs 5 bis 10 cm.
Lebensweise Zwiebelpflanze.
Im Garten Niedrige Temperaturen schaden dem Winterling nicht, aber seine Blüten öffnet er erst bei etwas Sonne. Die kleinen Knollen sollten vor dem Pflanzen im Herbst ein paar Stunden eingeweicht werden. Auf leicht lehmigen Böden fühlen sich Winterlinge am wohlsten, dann verbreiten sie sich auch gut über Versamung. Im Frühsommer ziehen sie komplett ein. Insektenweide.
Besonderes Winterlinge kommen ursprünglich von Südostfrankreich bis in die Türkei vor – in wärmebetontem Gebüsch und Weinbergen. Im 16. Jahrhundert kamen sie in die Gärten Mitteleuropas und verwilderten von dort aus.

KLEINES SCHNEEGLÖCKCHEN
— *Galanthus nivalis*

Blüte Weiß mit grünen Tupfen, Februar / März.
Wuchs 10 bis 15 cm.
Lebensweise Zwiebelpflanze.
Im Garten Zu den ersten Blütenpflanzen im Garten gehören Schneeglöckchen. Schnee und Kälte machen ihnen nichts aus. Am liebsten wachsen sie zwischen Sträuchern und unter Bäumen auf humosem Gartenboden. Dort vermehren sie sich durch Samen und Brutzwiebeln. Pflanzen Sie sie im Herbst in großer Stückzahl. Bienenweide.
Besonderes Schneeglöckchen sind über große Teile Mitteleuropas beheimatet. Als typischer Frühlingsgeophyt wächst es auf feuchten Waldwiesen oder in Laubwäldern. Obwohl es sowohl durch Samen als auch Tochterzwiebeln große Bestände aufbaut, steht es unter Naturschutz.

☞ WEITERE ZWIEBEL- UND KNOLLENPFLANZEN

PFLANZE	BLÜTEN-FARBE	BLÜTEZEIT	WUCHS	STAND-ORT	ZWIEBEL/KNOLLE	VERSA-MEND	AUS-LÄUFER
BÄRLAUCH *Allium ursinum*	weiß	April–Mai	25 cm	Halb-schatten	✓	✓	✓
FRÜHLINGS-ANEMONE *Anemone blanda*	blau, rosa, weiß	März–April	15 cm	Sonne bis Halb-schatten	✓	✓	✓
BUSCHWINDRÖSCHEN *Anemone nemorosa*	weiß	März–April	10–15 cm	Halbschat-ten bis Schatten			✓
BLAUE PRÄRIELILIE *Camassia leichtlinii 'Caerulea'*	blau	Mai–Juni	80–100 cm	sonnig, absonnig	✓	✓	
SCHNEEGLANZ *Chionodoxa luciliae*	hellblau	März–April	15 cm	Sonne bis Halb-schatten	✓	✓	✓
MAIGLÖCKCHEN *Convallaria majalis*	weiß	Mai–Juni	20–25 cm	Halb-schatten			✓
GEFINGERTER LERCHENSPORN *Corydalis solida*	lilaweiß	März–April	20–30 cm	Halb-schatten		✓	✓
ELFEN-KROKUS *Crocus tommasinianus*	zartlila	Februar–März	5–15 cm	Sonne bis Halb-schatten	✓	✓	✓
FRÜHLINGS-ALPENVEILCHEN *Cyclamen coum*	pink	Februar–März	5–15 cm	Halb-schatten	✓	✓	
FORELLENLILIE, HUNDSZAHN *Erythronium*-Hybride 'Pagoda'	hellgelb	April–Mai	20–30 cm	Halb-schatten	✓		✓
SCHACHBRETTBLUME *Fritillaria meleagris*	purpurfar-ben	April–Mai	30 cm	Sonne bis Halb-schatten	✓	✓	
WALD-GELBSTERN *Gagea lutea*	gelb	März–April	10–30 cm	Sonne bis Halb-schatten	✓	✓	✓
HASENGLÖCKCHEN *Hyacinthoides non-scripta*	violettblau	April–Mai	20–30 cm	Halb-schatten	✓	✓	✓
MÄRZENBECHER *Leucojum vernum*	weiß mit grün	Februar–März	20–30 cm	Sonne bis Halb-schatten	✓	✓	✓
PFAUENAUGEN-NARZISSE *Narcissus poeticus* var. *recurvus*	weiß	Mai	30 cm	sonnig, absonnig	✓		✓
ZWEIBLÄTTRIGER BLAUSTERN *Scilla bifolia*	violettblau	März	10 cm	Sonne bis Schatten	✓	✓	✓
WEINBERG-TULPE *Tulipa sylvestris*	gelb	April–Mai	40 cm	sonnig, absonnig	✓		✓

Blühmischung aus heimischen (Kamille, Kornblume) und nichtheimischen Arten (Kalifornischer Mohn)

Ein buntes Potpourri aus Kräutern, Heilpflanzen und Exoten. Eines ist allen gemeinsam: Sie keimen schnell und samen leicht aus.

BLÜHMISCHUNGEN FÜR DEN GARTEN

Es handelt sich hier nicht um Wiesen! Wiesen sind heimische Pflanzengesellschaften, die sich über Jahrhunderte dank bäuerlicher Pflege entwickelt haben. Was Saatguthersteller oft fälschlicherweise so benennen, sind schöne, bunte Blühmischungen.

Das ist ein Unterschied, denn die meisten der Blumen in Blühmischungen sind einjährig – sei es, weil sie aus der heimischen Ackerbegleitflora stammen wie Mohn oder Kornblume, oder weil sie aus anderen Ländern kommen und nicht frosthart sind. Man muss sie also Jahr für Jahr neu ansäen. Trotzdem haben sie ihre Daseinsberechtigung, man muss nur wissen, wie man sie im Garten verwendet.

AB INS BEET

Weil Blühmischungen keine echten Wiesen sind und sie kein Gras enthalten, ist ihr Einsatz im Garten ein anderer als bei klassischen Wiesen. Zunächst benötigen sie einen sonnigen Standort. Bevor man im Frühling aussät, muss ein gutes Saatbeet vorbereitet werden, ähnlich wie bei einem Gemüsebeet. Es sollten keine ungewollten

Mehrjährige Mischung aus heimischen Arten: Königskerze, Natternkopf, Wilde Möhre, Steinklee, Färberkamille

Kräuter enthalten sein, denn die zarten Einjährigen der Blühmischung sind nicht sehr durchsetzungswillig. Nach der Aussaat sollten wir die Keimlinge begleiten und beobachten – ist es trocken, unbedingt gießen. Doch dieser Aufwand ist nur anfangs. Haben die Pflänzchen eine ansehnliche Größe erreicht, wachsen sie von selbst und werden später bunt blühen.

Bei Blühmischungen gibt es zwei grundsätzliche Varianten. Zum einen Mischungen mit heimischen Blumen, welche natürlicherweise meist von Äckern stammen. Über diese Blüten freuen sich unsere Insekten und später die Vögel ganz besonders. Und Mischungen, die sich ausgesprochen bunt präsentieren, deren Samen jedoch von Pflanzen aus fernen Ländern stammen. Leider haben sie nur einen geringen Wert für unsere heimische Fauna. Liegt der Fokus bei einer Gartengestaltung darauf, auch den Tieren etwas anzubieten, dann sollten wir auf Bienenweiden setzen.

MEHRJÄHRIGE MISCHUNGEN

Neben den einjährigen Mischungen gibt es auch mehrjährige. Man muss nicht jährlich, sondern nur einmal vorab ein ordentliches Saatbeet vorbereiten. Einmal im Jahr, am besten im Frühling, sollte man die Pflanzen abschneiden.

Mehrjährige Mischungen sind meist ökologisch sinnvoller als einjährige, denn sie stellen gezielt für Tiere eine Nahrungsgrundlage und einen Lebensraum dar. Die meisten dieser Pflanzen sind zudem heimisch.

Wie wird sich so eine Mischung über die Jahre entwickeln? Je nach Zusammensetzung sind am Ende nur noch ein paar der Ausgangsarten vorhanden, alles andere differenziert sich aus. Aber dennoch sind solche Mischungen eine schöne, ökologisch sinnvolle und pflegeleichte Möglichkeit, Bereiche im Garten extensiv anzulegen.

MÖSSINGER SOMMER
— Saatgut-Manufaktur Dieter Felger

Charakteristik und Verwendung Berühmte Mischung aus überwiegend einjährigen und etwas langlebigeren heimischen und nicht-heimischen Blumen. Schon im ersten Jahr erblüht sie den ganzen Sommer durch in voller Buntheit.
Standort Sonnig oder leicht absonnig, humoser, nährstoffreicher und nicht zu trockener Boden. Pflanzenhöhe 30 bis 80 cm.
Blütezeit Die Blüte erfolgt im ersten Jahr ab Mitte Mai bis zum ersten Frost. Im zweiten Jahr kommen Zwei- und Mehrjährige zum Tragen.
Kultur und Pflege Aussaat im Frühjahr ab Mitte April in ein gutes Saatbeet. Samen keimen nach zwei bis drei Wochen. Bei Bedarf gießen. Im Herbst stehen lassen, erst im Spätwinter zurückschneiden. Neuanlage nach einiger Zeit sinnvoll.

WÄRMELIEBENDER SAUM
— Rieger-Hofmann

Charakteristik und Verwendung Ästhetische Mischung aus heimischen einjährigen, aber überwiegend mehrjährigen Kräutern, von der Insekten, Vögel und Kleinsäuger profitieren.
Standort Gut sonnig und warm, kalkreicher, nährstoffarmer und trockener Boden.
Pflanzenhöhe 80 bis 140 cm.
Blütezeit Je nach Saatzeitpunkt werden die ersten Blüten im Frühsommer in Erscheinung treten. Ab dem zweiten Standjahr zeigt sich die volle Pracht. Bei richtigem Standort erweist sie sich als überaus stabil über zehn Jahre hinweg.
Kultur und Pflege Aussaat von März bis Ende April. Das Saatgut muss 5 bis 6 Wochen feucht liegen, bis es keimt. Im nächsten Frühjahr dürfen die abgestorbenen Stängel abgeschnitten werden.

BLÜHMISCHUNGEN – DIE QUAL DER WAHL

Es gibt inzwischen viele fertig zusammengestellte Blühmischungen unterschiedlichster Hersteller. Für welche man sich entscheidet, hängt mit den Anforderungen, die man an sie stellt, und dem Standort zusammen. So könnte auch ein Gartenthema für die Wahl einer Mischung entscheidend sein: Für einen tierfreundlichen Garten bietet sich beispielsweise ein Schmetterlings- und Wildbienensaum an. Will man eine Melange an bestimmten Farbtönen im Beet, eignet sich die Mischung „Rosa Romanze“ von Benary. Generell sollte man auf Qualität achten: Zu günstige Mischungen bergen oft böse Überraschungen, schlimmstenfalls „störende“ Pflanzen. Oft sind unspektakuläre Allerweltsarten wie Senf oder Kresse als billiger Füllstoff in der Mischung. Die aufgelisteten Mischungen sind nur ein Ausschnitt aus der breiten Palette der Angebote. Insofern lohnt es sich, hier nochmals nachzuforschen. Im Anhang (siehe S. 121) gibt es zudem Lieferadressen, auf deren Homepage man sich im Einzelnen die Angebote zu Gemüte führen und prüfen kann.
Zudem kann man natürlich sich auch selbst Mischungen zusammenstellen: Samen im Garten, bei Freunden, in der Natur (nur nicht in unter Schutz stehenden Bereichen) sammeln oder als Einzelsaatgut kaufen und mischen.

☞ BLÜHMISCHUNGEN

NAME (HERSTELLER)	CHARAKTER	WUCHSVERHALTEN, HÖHE	STANDORT	BODEN	SELBSTAUSSAAT	HEIMISCH
AROMATICA (Hof Berg-Garten)	Duft- und Kräuterpflanzen	mehrjährig bis 90 cm	sonnig	mager	✓	überwiegend
BAUERNGARTEN MISCHUNG (Quedlingburger)	bunt	einjährig	sonnig	normal		
BIENENSOMMER (Felger)	bunt, lange Blütezeit	einjährig bis 60 cm	sonnig	normal	etwas	teilweise
BLÜHENDES STEPPENLAND (Felger)	bunt, lange Blütezeit	ein- bis mehrjährig bis 80 cm	sonnig	normal	etwas	überwiegend
BUNTER SAUM (Rieger-Hofmann)	bunt, lange Blütezeit	ein- und zweijährig bis 120 cm	sonnig	mager	✓	✓
FELDBLUMENMISCHUNG (De Bolster)	bunt	einjährig bis 80 cm	sonnig	normal bis mager	etwas	✓
STEPPE PRAIRIE (J. Hitchmough Design Mix A)	bunt	mehrjährig	sonnig bis halbschattig	normal	✓	teilweise
PAPILLON (Hof Berg-Garten)	Schmetterlingsblumen	ein- bis mehrjährig bis 80 cm	sonnig	mager	✓	überwiegend
SCHATTSAUM (Rieger-Hofmann)	dezent, lange Blütezeit	mehrjährig 80–120 cm	halbschattig	normal bis mager	✓	✓
WILDBLUMENMISCHUNG FÜR WILDBIENEN (Syringa)	bunt	ein- bis mehrjährig bis 60 cm	sonnig	normal bis mager	✓	✓

GARTENPRAXIS
— Beetanlage & Pflege

ERSTE ÜBERLEGUNGEN FÜR DEN VAGABUNDEN-GARTEN

Zunächst einmal die ganz grundsätzliche Frage: Warum möchte man seinen bestehenden Garten in einen dynamischen Garten umwandeln – was sind die Vorteile?

Die ökologischen, ästhetischen und ideellen Argumente wurden in den vorigen Kapiteln beleuchtet. Nun geht es an die Praxis. Der antiautoritäre Garten bietet sehr große Vorteile:

1. **Mittel- bis langfristige Pflegeleichtigkeit:** An dieser Stelle steht ganz bewusst nicht „kurzfristig", denn bei Pflanzungen sind immer die ersten zwei Jahre entscheidend für den Erfolg. Es muss uns bewusst sein, dass sich der Garten erst dann einzupendeln beginnt und damit mit immer weniger Einsatz und Pflege auskommt (siehe auch S. 114).
2. **Wasserersparnis:** Mit der Verwendung standortgerechter Black-Box-Pflanzen entfällt das Wässern, was wiederum Ressourcen schont, Zeitersparnis für den Gartenbesitzer bedeutet und damit eine Reduktion der Kosten ist.

DER WEG IST DAS ZIEL

Wenn eines Ihrer Ziele ist, im Garten weniger Arbeit zu haben, dann sind Sie hier richtig. Doch bis dahin müssen Sie und Ihr Garten einen Prozess durchlaufen. Dieser Prozess beginnt mit der Basis, dem passenden Boden. Denn die Beschaffenheit des Bodens ist grundsätzlich entscheidend für Erfolg oder Misserfolg. An Boden und Standort angepasst erfolgt die Auswahl an Pflanzen. Doch der wichtigste Punkt ist die Pflege, was nicht gleich zu setzen ist mit mehr zeitlichem Aufwand, sondern ganz im Gegenteil damit, weniger zu tun. Man sollte die Pflanzen beobachten, ihre Keimlinge erkennen und im Laufe der Zeit lernen, wann und wie man angemessen reagieren sollte.

☞ DER WEG ZUM DYNAMISCHEN GARTEN

AUSGANGSSITUATION	WEG	ZIEL
alter, bestehender Garten	Boden stören und standortgerechte, gut vagabundierende Initialstauden setzen	Minimaleingriff
alter, bestehender Garten	einzelne Beete komplett verändern: Vegetationsschicht entfernen, Boden bearbeiten, vorgezogene Pflanzen initial setzen, ggf. ergänzende Ansaat	Teilbereiche ändern
Neuanlage	den passenden Boden einbauen, wenige Initialstauden verwenden, viel Ansaat	kostengünstige Pflanzung, auch nur in Teilbereichen möglich
Neuanlage	den passenden Boden einbauen, viele vorgezogene Pflanzen setzen	„schnelle" Lösung

Attraktive Mischung aus Stauden und sich leicht versamenden Arten wie Federgras verleihen dieser Pflanzung Leichtigkeit.

BESTAND ODER NEUANLAGE?

Es macht natürlich einen Unterschied, ob ein bestehender, vielleicht sogar „alter“ Garten verändert wird oder ob man mit einer Neuanlage bei null beginnt. Bei beiden Varianten ist es möglich, einen antiautoritären Garten anzulegen.
In einem bestehenden Garten wird man sicherlich nur Teilbereiche entsprechend umgestalten. Schöne Strukturen, vor allem Gehölze, werden erhalten. Ein erster Schritt kann sein, in klassischen Staudenbeeten zunächst einfach nur mit robusten Initialpflanzen zu arbeiten – wo sich Platz ergibt. Möchte man stärker eingreifen, muss man den Garten daraufhin analysieren, in welchen Bereichen etwas möglich ist. In sonnigen Bereichen kann man in Richtung Kiesgarten denken, ist der Garten eher von Bäumen geprägt, wird die Tendenz in Richtung Schattenpflanzen gehen. Dementsprechend sollten auch der Boden des zukünftigen Gartenbereiches vorbereitet und die Pflanzen ausgewählt werden.

Bei einer Neuanlage ist es etwas einfacher, wobei auch hier die Belichtungsausrichtung – Sonne oder Schatten – den Anfang darstellt. Der nächste Schritt ist, den Charakter und das Design der Pflanzung festzulegen, was die Art und Auswahl des einzubauenden oder anzuliefernden Bodens bestimmt. Gute Qualität ist das A und O.

DER ZEITPUNKT

Auf die Frage, wann ein guter Zeitpunkt für eine Umgestaltung solch einer Anlage ist, gibt es keine eindeutige Antwort, denn wir wollen ja die Natur für uns arbeiten lassen und mit ihr arbeiten. Insofern bestimmen die Methode und das „Endprodukt“, wann etwas angelegt werden sollte. Möchte man viel aussäen, ist eine Frühjahrsanlage sinnvoll, da sie bis zur vollen Entwicklung mehrere Monate benötigt. Verwendet man mehr initiale Stauden, kann man etwas später beginnen: Die Pflanzung geht bis in den Spätsommer (siehe „Ansaat“ S. 108 und „Pflanzung“ S. 107).

SECHS METHODEN ZUR UMGESTALTUNG IM BESTAND

Die vorherrschenden Standortbedingungen – Lichtverhältnisse, Wasserversorgung und Boden – sind kennzeichnend und bestimmen, welche Pflanzen wir in unserem Garten verwenden können.

Die Besonnung ist meist vorgegeben, an ihr können wir nur in Ausnahmefällen etwas ändern. Der Wasserverbrauch sollte durch eine standortgerechte Pflanzenkombination auf ein Minimum reduziert werden – diese Standortbedingung spielt damit auch keine Rolle. Aber eine gute Bodenvorbereitung und später die richtige Auswahl an passenden Stauden sind der Schlüssel für eine erfolgreiche Pflanzung. Egal ob man in einem schon existierenden Garten sanft eingreift, nur ein Beet neu anlegen möchte oder es sich um ein gesamte Neuanlage handelt, die Überlegungen sind ähnlich. Welche Methoden zur Umgestaltung man anwendet, liegt an Ausgangslage und Standort, Zielvorstellungen und dem geplanten Beetcharakter. Auf den gesamten Garten gesehen kann man die Strategien auch mischen.

1. LÜCKEN FINDEN UND LOSLEGEN

In jedem Garten, gerade auch außerhalb von Beeten, finden sich Standorte, an denen es sich lohnt Flaneure auszuprobieren. Dies sind Ecken mit wenig bis keiner Konkurrenz. Ähnlich wie beim Guerilla Gardening, nur im eigenen Garten, kann man dort mit Saatgut experimentieren. Beispielsweise direkt am Haus gezielt ein paar Stockrosensamen auswerfen oder am Rand eines kiesigen, gut besonnten Weges Pflanzen wie die Spornblume (*Centranthus ruber*) setzen, von denen man weiß, dass sie sich durch Selbstaussaat gut ausbreiten werden. Auch könnte man zwischen Gehölzen Akeleien etablieren; ganz sicher werden sie sich vermehren, wenn kein Rindenmulch den Boden bedeckt. Oder in Mauerritzen Mauerpfeffer-Sprossen stecken und abwarten, was passiert. Auf diese Weise und mit der richtigen „entspannten" Pflege entsteht langsam ein antiautoritärer Garten – auch ohne große Eingriffe, allerdings mit einem recht begrenzten Artenspektrum.

2. BESTEHENDES BEET MIT INITIALEN VAGABUNDEN ERGÄNZEN

Wie kann man in einer schon bestehenden Anlage Vagabunden einsetzen, ohne komplett umgestalten zu müssen? Man dünnt das Beet aus: Ein paar Stauden des Ist-Zustandes werden ausgegraben oder geteilt. Somit bilden sich offene Bereiche heraus, in die man dann standortgerecht pflanzt. Die Stauden sind aus dem Pflanzenspektrum

Initialpflanze an einem Kiesweg: Rote Spornblume

„Klassisches Staudenbeet“ (siehe S. 28 bis 39) auszuwählen. Da hier versamende Arten von Anfang an starker Konkurrenz durch die bestehende Pflanzung ausgesetzt sind, muss man diese gerade im ersten Jahr umso genauer im Blick haben und bei Bedarf auch fördern. Die jungen Pflanzen benötigen auf alle Fälle immer genügend Licht, um sich entwickeln zu können. Falls der Bestand wieder überhandnehmen sollte, werden diese Pflanzen einfach abgeschnitten bzw. nochmals etwas abgestochen. Damit sich die neuen Pflanzen längerfristig vermehren, muss man immer wieder den Boden öffnen. Zwischen Stauden einfach nur Saatgut einzustreuen, führt meist nicht zum Erfolg.

So ist es richtig: Hungerkünstler für Kies – Stauden für Erde

3. BODEN BEARBEITEN UND BEPFLANZEN

Soll in einem Gartenbereich ein neues Staudenbeet angelegt werden, in dem auch wandernde Arten wachsen sollen, muss zunächst, völlig unabhängig vom Standort, die bestehende Vegetation komplett und gründlich entfernt werden. Falls sich im Boden unliebsame Wurzelunkräuter befinden, muss man diesen sehr genau nachgehen (siehe S. 114). Bevor das nicht erledigt ist, sollte man das Beet nicht bepflanzen. Bald werden sie sich wieder durchsetzen und alles überwuchern. Je nach Voraussetzung und Bodenbeschaffenheit wählt man die Pflanzen aus. Ein Beispiel für humosen, normalen Gartenboden in einem leicht schattigen Bereich: Hier muss man sich für die Gruppe der Halbschatten- und Waldpflanzen entscheiden. Da mehr oder weniger stark versamende Arten dabei sind, darf man nicht zu viele fertige Pflanzen auf den Quadratmeter setzen. Um künftige Dynamik zuzulassen, muss es Lücken für die Selbstaussaat geben. Zudem kann man das Ganze von Anfang an noch mit einer Ansaat ergänzen, wie beispielsweise der schattenliebenden Mondviole *(Lunaria annua)*.

In den Zwischenräumen wachsen Vagabunden.

4. BODEN OPTIMIEREN UND VERÄNDERN

Der Beginn entspricht der Vorgehensweise von Methode 3. Wir machen alles exakt so wie dort beschrieben, lediglich die Pflanzung nehmen wir noch nicht vor. Nun heißt es, den Boden ganz genau zu betrachten. Denn je nach Bodenbeschaffenheit, Standort und gestalterischen Zielvorstellungen, können Veränderungen erfolgen. Möchte man beispielsweise am sonnigen Sitzplatz eine mediterran anmutende Pflanzung vornehmen, der Boden ist allerdings stark lehmig, so ist es unumgänglich, diesen durch ein kiesig-sandiges Material abzumagern und vor allem auch durchlässig zu machen. Dies bedeutet konkret, dass man auf den vorbereiteten Boden eine etwa 10 cm starke Sandkiesschicht verteilt und diese gut einarbeitet. In kleineren Bereichen genügt dazu eine Grabegabel, bei größeren Flächen sollte man eine Fräse verwenden. Dies hat zudem noch den Vorteil,

Mit einer Kiesmulchung gedeihen viele Stauden bestens.

Verschiedene Kiesgrößen und Steine bringen Spannung.

dass die meist klumpige Erde gut zerkleinert wird. Dann das Pflanzbeet mit einem Rechen glätten. Erst jetzt kann man mit Pflanzung, Ansaat oder einer Mischung aus beidem beginnen.

5. BODENAUSTAUSCH

Boden ist eine kostbare Ressource (siehe S. 104). Man muss gute Gründe haben, den Boden komplett zu entfernen und neues Substrat einzubauen. Diese Methode setzt man ein, wenn sowieso Bodenbewegung ansteht. Ein anderer Grund wäre die Ausbreitung eines nicht mehr in den Griff zu bekommenden Wurzelunkrauts. Der Boden muss ca. 30 cm tief entfernt werden. Was stattdessen eingebaut wird, hängt von dem neuem Pflanzplan ab. Möchte man ein üppiges Staudenbeet mit ein paar „Unkontrollierbaren", ist ein humoser Gartenboden die erste Wahl. Für ein sonniges Kräuterbeet bietet sich kiesig-schluffiger Rohboden an. Hier ist es sinnvoll, die obere Schicht ein wenig mit keimfreiem Kompost zu durchmischen. Denn oft ist das Kiesmaterial so mager, dass die jungen Topfpflänzchen einen Anwurzel-Anschub benötigen. Arbeitet man zudem

☞ BODENARTEN UND IHRE BEARBEITUNG

BODENBESCHAFFENHEIT, AUSGANGSLAGE	LICHT	MISCHGUT	DESIGN DER ZIELPFLANZUNG
lehmig	halbschattig	Sand-Kompost-Gemisch	Gehölzrandpflanzung mit Vagabunden
lehmig	sonnig	viel Sand oder Kiessand	mediterrane Kräuter, Stauden
nährstoffreich	schattig	Kompost	Schattenstaudenpflanzung mit Bodendeckern
nährstoffreich	sonnig	nach Bedarf etwas Sand oder etwas Kompost	klassisches Staudenbeet mit Vagabunden
sandig	halbschattig	viel Kompost, Gesteinsmehl und organische Mulchung wie Laub oder Häcksel	Aufwertung einer Eingangssituation, Gehölzrandpflanzung
sandig	sonnig	etwas Kompost, mineralische Mulchung	Steppe, Kiesgarten, Kräuter

noch mit einer Ansaat, ist der Kompost als Nährsubstrat und Wasserspeicher für die Keimlinge wichtig.
Wenn Sie sich fremden Boden (oder andere Substrate) einbauen lassen wollen, fragen Sie, woher dieser kommt und schauen Sie sich diesen vorher genau an. Mancher Gartenbesitzer hat im Nachhinein böse Überraschungen erlebt, wenn ihm ein Boden geliefert wurde, welcher voller Wurzelunkräuter war oder Samenpotenzial von unliebsamen Konkurrenten wie Ackerhirse aufwies – das Aus jedes „Black-Box-Gartens“.

6. KIESGARTEN

Vorab bemerkt: Es geht hier nicht um die Steinwüsten, welche leider immer noch in Vorgärten anzutreffen sind, sondern um bunte, insektenfreundliche Magerstandorte. Auch wird hier kein Trennvlies eingebaut, welches zur Todesfalle von Regenwürmern wird, da diese natürlicherweise vom Untergrund nach oben wollen und sie damit daran gehindert werden!
Die ästhetische und auch ökologische Besonderheit eines Kiesgartens wurden schon erläutert (siehe S. 48). Der Standort muss sonnig sein. Aber wie setzt man ihn in der Praxis um? Hierfür müssen zunächst die richtigen Voraussetzungen geschaffen werden, da die Pflanzen eines „Gravel Gardens“ keine Staunässe vertragen. Man benötigt ein gut durchlässiges Substrat. Wohnen Sie in einer Region mit sehr sandigem Untergrund, genügt es für die Basis, lediglich ein wenig Kompost als Startdünger einzuarbeiten. Diese Gestaltungsidee und Pflanzenzusammensetzung ist eigentlich prädestiniert für sandige Böden. Aufwändiger wird es in Gebieten mit Ton oder Lehm. Hier muss man tatsächlich einen Bodenaustausch vornehmen. Die Vorarbeiten gleichen der Methode 5, doch das aufzufüllende Material muss ohne Ausnahme sandig-kiesig sein. Man kann zudem auch mit den Substraten variieren – auch in der Einbautiefe. So sind Bereiche mit gröberem 0/32 Kiessand oder Grubenkies möglich, was gestalterisch für unsere Vagabunden zur Folge hat, dass sie sich eher gezähmt vermehren. Oder man nimmt in anderen Bereichen einen Rohboden, was die Keimfähigkeit erhöht und damit auf Zeit auch einen dichteren Aufwuchs entstehen lässt. Der Boden bestimmt den Bewuchs. Der fast letzte Schritt ist nun auch hier wie beim Sandboden etwas keimfreien Kompost (max. 5 cm) als Nährstofflieferant in die oberste Schicht mit dem Krail einzuarbeiten. Als Abschluss kann das Substrat so belassen werden, wie es eingebaut wurde. Oder man setzt Akzente mit größeren Findlingen und Lesesteinhaufen, welche für Eidechsen als Wohnstätte besonders gut sind. Aber es ist auch möglich, zumindest in Teilbereichen, eine recht feine mineralische Mulchung vorzunehmen. Das kommt der Pflegeleichtigkeit entgegen. Unseren standortgerecht ausgewählten Vagabunden sind solche Ritzen und Hitze-Standorte gerade recht. Doch nicht willkommenen Flugunkräutern gefällt dies gar nicht; sie werden auch nicht keimen. Deshalb ist diese Pflanzmethode auch pflegeleicht.

☞ MULCH

Mulch wird als obere Bodenbedeckung eingesetzt, um Wärme zu speichern, dem Feuchtigkeitsverlust entgegenzuwirken, die Gare, also den Boden, mit seinen Lebewesen zu fördern, und „Unkrautbewuchs“ am Keimen zu hemmen.

MATERIAL	BEREICHE	SCHICHTSTÄRKE
Rindenkompost / Kompost	Staudenbeete, Gehölzrand	5 cm
Rasenschnitt	Staudenbeete	3 bis 5 cm
Rindenmulch	Gehölze	10 cm
Laub	Schattenstauden	bis 10 cm
Kies, Splitt	Kräuterbeete, Kiesgärten	bis 8 cm

Ohne Vlies: Hier haben Regenwürmer eine Chance.

BODEN IST NICHT GLEICH BODEN

Auch wenn das Thema Boden vielleicht zunächst uninteressant und nebensächlich erscheint, ist dem nicht so: Bei der Verwendung von vagabundierenden Pflanzen ist der richtige Boden unersetzlich.

Unseren kleinen Wanderern können wir nichts vormachen – sie entwickeln sich ohne Ausnahmen nur dort, wo es ihnen gefällt. Und alles muss passen: Boden, Belichtung und Klima. Das Spektrum an Böden ist schier unendlich groß. Man kann aber die wichtigsten und praktikablen Fakten zusammenstellen.

Böden werden meist nur darauf reduziert, dass sie Standort und Grund – im wahrsten Sinne des Wortes – für Pflanzen sind. Selten wird genauer hingeschaut. Auch im Boden leben winzigste Organismen und Tiere. Ohne sie würde die Qualität des Bodens stark verringert, was leider auf landwirtschaftlichen Flächen oft schon der Fall ist. Wenn das Erdreich gesund ist, sind in einer Hand voll Erde mehr Bodenlebewesen, als es Menschen auf der Welt gibt. Die Mehrzahl davon bilden Bakterien, Pilze und Algen, aber auch Würmer. Jeder Eingriff, jede Bodenbearbeitung, bedeutet somit eine Störung dieses Systems. Deshalb muss dieser Schritt genau bedacht werden.

EIN BISSCHEN BODENKUNDE

Für die Anlage von standortgerechten, bodenbezogenen Pflanzbildern sind zwei Faktoren wichtig: pH-Wert und Bodenart. Beide beeinflussen die Auswahl und Zusammensetzung einer Vagabunden-Pflanzung stark. Der pH-Wert, welchen wir selbst recht leicht mit einem Lackmuspapier-

Gründüngung fördert Humus – gut für klassische Stauden

Durch Einarbeiten von Sand wird abgemagert.

Bodenunterschiede: dunkler, krümeliger Boden, in der Mitte leicht lehmig und rechts schwerer, toniger Boden

Test (Fachhandel) herausfinden können, verrät, ob die Erde unseres Gartens eher sauer oder kalkreich ist. Die meisten Stauden bevorzugen eher kalkreiche Böden. Deshalb kann es in der Regel nicht schaden, den pH-Wert mit Kalk auf 5,5 bis 8 anzuheben und den Boden dadurch für unsere Vagabunden zu verbessern: mit Gartenkalk, feinem Kalkschotter oder recyceltem Betonbruch.
Kommen wir zu den Bodenarten: Die oberste Schicht unserer Gartenböden bezeichnet man als Oberboden, auch Mutterboden genannt. Je nach Lage kann er unterschiedlich dick sein. Er ist zugleich bestimmend für die Bodenart. Ohne großen Aufwand kann dieser grob analysiert und eingeteilt werden. Dafür müssen wir einfach unsere Handflächen nutzen und die Erde erfühlen.

SAND- UND SCHLUFFBODEN

Wir nehmen eine Handvoll Boden und versuchen, diese zu einer Kugel zu formen. Ist dies nicht ansatzweise möglich, zerbröselt uns das Erdreich unter den Fingern, haben wir vermutlich einen sandigen oder schluffigen Boden. Ein genauerer Blick ist wichtig: Kleine Körnchen weisen auf Sandboden hin. Fehlen diese, ist es Schluff.
Was bedeutet dies? Sandboden lässt sich sehr gut bearbeiten. Er ist krümelig, aber auch durchlässig und speichert Wasser oder Nährstoffe nur schlecht. Dies sind ideale Voraussetzungen für Hungerkünstler in Kräuter-, Steppen- und Kiesbeeten, aber nicht für klassische Stauden. Diese mögen gerne Schluff.

LEHM- UND TONBÖDEN

Lässt sich der Klumpen Erde, welchen wir in Händen halten, leicht zu einer Kugel formen, dann ist unser Boden tonig oder lehmig. Dies zeigt seinen Nachteil: Er ist in der Form schwer zu bearbeiten. Aber er speichert dafür sowohl Wasser als auch Nährstoffe. Wenn wir durch langjährige Bodenpflege wie Einbringen von Kompost die Bodenstruktur positiv verändern und dafür sorgen, dass der Boden, krümelig wird, erhalten wir hochwertigen Humus, auf dem sich gut üppige Staudenbeete anlegen lassen.

ABMAGERN HEISST DIE DEVISE

So seltsam es zunächst erscheint: Je nährstoffarmer und magerer ein Boden ist, desto artenreicher sind die Pflanzbilder, die darauf wachsen können. Dies widerspricht spontan jeglicher gärtnerischen Tradition, aber betrachten wir uns Naturstandorte wie Magerwiesen der Schwäbischen Alb oder karge Flächen in der Provence, erkennen wir schnell den Artenreichtum. Und das ist keine Ausnahme, sondern die Regel.
Nun wurden schon mehrmals Rohböden erwähnt. Das sind Erdschichten, welche unterhalb des belebten und durchwurzelten Oberbodens liegen. Was auf der einen Seite negativ ist, nämlich dass sich in der Schichtung kaum Bodenleben befindet, kann man gestalterisch uminterpretieren und dieses Material gezielt einsetzen. Es ist nährstoffarm und kalkreich, was unsere Vagabunden mögen, enthält keine unerwünschten Konkurrenzpflanzen und ist meist ausgesprochen günstig in der Anschaffung. Einziger Wermutstropfen ist, dass man somit bei „null" beginnt, und sich das Pflanzenbiotop erst im Laufe der Jahre entwickelt – dafür aber mit einer eigenen Dynamik.

DIE LETZTEN SCHRITTE ZUM BLÜTENMEER

Nach der Bodenbearbeitung kann es endlich losgehen mit Pflanzung und Ansaat. Im Vorfeld haben wir uns überlegt, welche Form und welchen Stil wir für die Bepflanzung wählen.

Den Gestaltungsvorschlägen (siehe S. 28 bis 95) entsprechend wird eine Einkaufsliste für die infrage kommenden Pflanzen oder Samen zusammengestellt. Generell gibt es vier Bepflanzungsvarianten:

- flächige Bepflanzung nur mit Stauden, wenig Dynamik
- Initialstauden mit Versamungspotenzial
- Initialstauden plus Ansaat
- reine Ansaat, viel Dynamik

PFLANZEN KAUFEN

Fast jeder Gartenbesitzer tut es gerne: Pflanzen kaufen. Aber Vorsicht: Nehmen Sie unbedingt die vorher erarbeitete Einkaufsliste mit. Hält man sich nicht daran, kommt man mit wunderschön blühenden Stauden nach Hause, die im schlimmsten Fall nicht zu dem Standort passen. Stauden sollte man am besten in speziellen Gärtnereien in der Nähe kaufen, dann sind die Pflanzen gut an das Klima angepasst.
Inzwischen gibt es immer mehr Bio-Ware: Die Pflanzen sind robust und gut durchwurzelt. Zudem verwenden diese Gärtnereien keinen Torf zur Anzucht und verzichten auf Chemie.
Für unser Vagabunden-Konzept brauchen wir viele heimische Stauden. Um diese zu bekommen, muss man sich vielleicht etwas genauer umhören. Es finden sich aber immer mehr auch auf Wildpflanzen spezialisierte Betriebe (siehe S. 121). Natürlich kann man Stauden auch aus Saatgut selbst ziehen oder durch Stecklinge gewinnen. Manch-

BEPFLANZUNGSVARIANTEN

PFLANZSTIL	STAUDEN, FLÄCHIG	INITIALSTAUDEN	INITIALSTAUDEN PLUS ANSAAT	ANSAAT
klassisches Beet	✓		✓	
Sonnenbeet	✓		✓	✓
Kiesbeet, „Gravel Garden“		✓	✓	✓
Steingarten		✓	✓	
Kräuterbeet	✓	✓	✓	
Vorgarten, halbschattig	✓		✓	
Gehölzrand	✓		✓	✓
Dachbegrünung		✓	✓	✓

Vitale, durchwurzelte Pflanzballen wachsen gut an.

Einjährig: Klatsch-Mohn keimt im Frühling und blüht im Sommer.

mal entdeckt man in fremden Gärten oder bei Freunden die eine oder andere Pflanze, welche man doch gerne bei sich im Beet hätte: Scheuen Sie sich nicht einfach mal anzuklopfen und um einen Ableger zu bitten. Oft entstehen hier spannende Gespräche und man erfährt Neues.

DER RICHTIG ZEITPUNKT

Stauden kann man vom Frühling bis in den Herbst setzen, allerdings ist eine Frühjahrspflanzung im antiautoritären Garten sinnvoller. Denn die Stauden wachsen so besser an. Die eine oder andere Pflanze blüht bereits im ersten Standjahr und beginnt damit schon mit der Selbstaussaat. Möchte man das Beet mit einjährigem Blumen-Saatgut wie Klatschmohn *(Papaver rhoeas)* ergänzen, ist der Frühling dafür genau richtig. Auch Zweijährige sollten in der ersten Hälfte des Jahres eingesät werden. Für mehrjährige Pflanzen funktionieren sowohl eine zeitige Frühjahrs- als auch eine Herbsteinsaat.

DIE PFLANZUNG

Das Setzen der Staudentöpfchen an sich erfolgt wie bei einer normalen Pflanzung. Bevor man sie pflanzt, sollten Sie nochmals den gesamten Ballen in einen mit Wasser gefüllten Eimer tauchen. Dann hat die Pflanze einen guten Start. Der Unterschied zur klassischen Beetbepflanzung ist, dass wir große Lücken zwischen den einzelnen Stauden für zukünftige Keimlinge lassen – als initiale Wanderer. Was zusätzlich noch den Vorteil hat, dass wir sehr viel weniger Pflanzware benötigen und damit geringere Kosten haben. Wird zwischen den Stauden von Anfang an auch gleich Saatgut eingestreut, sollte man dies zuerst machen und erst dann die Pflanzen setzen. Die Ansaat erfolgt in der Technik, wie auf S. 108 beschrieben. Oder man lässt die Zeit für sich arbeiten und wartet auf die (fast) natürliche Sukzession – das Aussamen der Initialstauden.

BEPFLANZUNG VON BEETEN MIT KIESIGER DECKSCHICHT

Möchte man in ein Kiesbeet, das mit einer mineralischen Mulchung abschließen sollte, Pflanzen setzen, ist oft die Frage, was zuerst kommt: Pflanze oder oberste Kiesschicht. Es hat sich als prakti-

Erst Stauden komplett in Wasser tauchen, dann die Pflanzung (etwas tiefer) durchführen und eine Kiesmulchung um die Pflanze ziehen.

kabel erwiesen, in das Beet zuerst Boden und Kiesschicht fertig einzubauen. Erst dann wird gepflanzt. Dazu einfach die Steinchen etwas zur Seite schieben und die Stauden tief genug setzen.

DER STARTSCHUSS FÜR DIE ANSAAT

Nach der Bodenvorbereitung, wird die Oberfläche grob eingeebnet. Das Wetter sollte niederschlagsfrei sein, damit die oberste Bodenschicht gut abtrocknet. Mit einem Holzrechen wird der einzusäende Bereich planiert und das Saatbeet erstellt.

Das zuvor zusammengestellte Saatgut wird nun in Handeinsaat über die Fläche verteilt. Da dieses mit Sand vermischt wurde, sieht man recht gut, wo man die Samen schon verstreut hat. Bei größeren Anlagen, beispielsweise Wiesen, ist es sinnvoll, die Fläche gedanklich in kleinere Segmente zu unterteilen und die Teilbereiche dementsprechend breitwürfig anzusäen. Falls man unsicher ist, kann man dies im „Trockenen“ üben – einfach nur mit Sand, ohne Saatgut. Wichtig ist, dass die Samen obenauf liegen, sie dürfen nicht eingearbeitet werden. Allerdings benötigen sie einen Bodenschluss, eine gute Verbindung zur Erde. Dazu werden die Bereiche abgewalzt oder kleine Flächen mit einer Schaufel angedrückt. Auch dafür ist trockene Witterung wichtig, denn sonst würde der Samen an der Walze kleben bleiben.

SAMENTYPEN

Manche Samen müssen oben auf dem Boden liegen und nur angedrückt werden, andere müssen eingearbeitet werden.

Lichtkeimer: Die Samen von Lichtkeimern sind meist sehr klein und leicht, können damit leicht vom Wind verweht werden und liegen oben auf der Erde. Sie dürfen nicht in den Boden eingearbeitet werden. Viele Wiesen- und heimische Wildpflanzen gehören hierzu, wie Königskerze, Mohn oder Fingerhut

Dunkelkeimer: Sie haben größere Samen, die direkt in den Boden gesetzt werden sollten. Diese Samen, zum Beispiel von Lupinen, haben so viel Energiereserven, dass sie sich leicht den Weg an die Oberfläche bahnen können.

Kaltkeimer: Sie stammen meistens aus Gegenden mit großer Temperaturamplitude, also kalten Wintern und heißen Sommern. Kaltkeimer haben dickere und härtere Samenschalen, welche verhindern, dass sie schon im Herbst keimen, wenn sie auf den Boden fallen. Frost „knackt" die Samen und ist damit unersetzlich für die spätere Keimung.

AUF DIE MISCHUNG KOMMT ES AN

Saatguthersteller verkaufen heute fertige Saatgut-Mischungen und Einzelarten. Es gibt Mischungen aus Einjährigen, andere beinhalten auch mehrjährige Pflanzen. Der Vorteil von diesen ist, dass man als Laie eine recht ausgewogene Mixtur geliefert bekommt. Zudem ist das Artenspektrum meist so weit gefasst, dass immer etwas keimt, vorausgesetzt man hält sich an die Beschreibung des Standortes. Nachteil ist, dass genaue Zusammensetzungen oft nicht preisgegeben werden. Man könnte natürlich sagen, dass dies wirkliches Black-Box-Gardening ist, da man nicht weiß, was drin ist. Aber damit kann es passieren, dass man sich Pflanzen in den Garten holt, die man vielleicht gar nicht haben wollte. Einmal etabliert, wird man sie nicht mehr los.

Sehr spannend ist es, gezielt mit Einzelarten je nach Gartenbereich zu spielen. Man kann sich selbst individuelle Mischungen für die eigenen Gestaltungideen zusammenstellen – oder vielleicht auch nur ganz monochrom mit einer Art arbeiten.

Schaut man sich die Einzelsamen an, sieht man, wie unterschiedlich diese sind. Manche sind etwas größer, doch die meisten sind winzig klein. So kommen beispielsweise auf 1 g Saatgut bei der Kuckucks-Lichtnelke *(Silene flos-cuculi)* 6.500 Samen, dagegen beim Flausch-Federgras *(Stipa pennata)* nur 50 Stück. Dies macht klar, dass man bei der Aussaat verschiedener Samen diese vorher gut durchmischen muss. Ein weiter Punkt ist die Ermittlung der Saatgutmenge. Dies ist je nach Pflanze unterschiedlich, doch die Tendenz bei Vagabunden liegt mehr bei den Winzlingen. Deshalb geht man durchschnittlich bei einer Ansaat von 1,5 g bis maximal 5 g pro Quadratmeter aus. Da es jedoch unrealistisch ist, dies so auszusäen, muss man das Saatgut strecken und aufmischen. Dazu gibt es unterschiedlichste

Möglichkeiten, von Sojaschrot bis zu leicht feuchtem Sand. Mir ist leicht feuchter Sand am liebsten. Zum einen ist er überall erhältlich oder sogar schon vorhanden. Durch die Feuchtigkeit „kleben“ die kleinen Samen am Sandkorn und werden bei der Aussaat nicht verweht. Gut sichtbar ist er auch, man weiß, wo man schon gesät hat. Bei Sojaschrot hat man dagegen das Problem, dass dadurch Vögel angelockt werden, die nicht nur den Sojaschrot, sondern auch Samen fressen. Gerne dürfen sie ein Jahr später sich diese von den daraus entstandenen Pflanzen holen, doch das erste Jahr müssen sie sich noch gedulden.

Zur flächigen Aussaat werden feine Samen mit Sand vermengt.

BEGLEITENDE ARBEITEN ZUR AUSSAAT

KEIMPROBE

Man weiß oft nicht genau, ob Saatgut noch keimfähig ist. Deshalb sollte man vor der Aussaat eine sogenannte Keimprobe machen – das erspart Frust und Ärger. Solche Saatproben machen nur Sinn bei Kurzlebigen und Kräutern.
Und so geht’s: Einfach in ein Schälchen ein Stück Küchenkrepp legen, Samen darauflegen, eine zweite Schicht Papier darüber, alles ins Licht stellen und gut feucht halten. Nach zwei bis drei Wochen sollten Keimlinge erkennbar sein. Ist dem nicht so, ist der Samen zu alt. Trotzdem nicht einfach wegschmeißen: Ausprobieren ist die Devise im antiautoritären Garten.

KONTROLLSAAT

Um zu sehen, wann und ob ein Keimungsprozess stattfindet und um die verschiedenen Stadien der Entwicklung verfolgen zu können, lässt sich ein kleines Kontrolllabor anlegen: Parallel zur Aussaat wird der gleiche Samen in eine mit Erde verfüllte Samenschale ausgebracht. Draußen im Beet keimt vieles, was für den Anfänger noch nicht klar erkennbar ist. Nicht jeder Keimling verspricht nur Gutes (siehe auch hintere Buchklappe). In der Saatschale sehen wir ganz genau, was dort keimt und können die Keimblätter und die Pflanze kennenlernen. Dann gehen wir raus zum Beet und suchen genau diese Pflänzchen, unsere Zukunftspflanzen. Diese parallele Aufzucht hat noch einen Vorteil: Falls draußen etwas schiefgeht, verursacht durch Witterung oder Schneckenfraß, können wir die Kontrollpflanzen raus ins Beet setzen.

ENTWICKLUNG DER SAATFLÄCHEN

Und nun geht es Schlag auf Schlag: Nach der Ansaat muss die Fläche anfangs konsequent feucht gehalten werden. Auch wenn dies alles später völlig selbstständige Pflanzen werden, sollten die ganz Kleinen etwas gepäppelt werden. Ein paar Tage kein Wasser, und ein kleiner Keimling vertrocknet – das war es dann. Doch da diese Pflanzen sich schnell etablieren müssen, kann man schon nach einigen Wochen das Gießen beenden, falls es überhaupt notwendig war. Das Wässern einer solchen Pflanzfläche sollte nur im Anfangsstadium sein. Ist alles gut gegangen, gibt es nur eine wirkliche Unwägbarkeit: Nacktschnecken. Diese sind in der Lage, in kürzester Zeit alles wieder zunichtezumachen. Je kleiner eine Fläche, desto einfacher können die schleimigen Gesellen in die Umgestaltung von der Seite reinkriechen. Steiniges Substrat, noch dazu in der Sonne, mögen Schnecken gar nicht! Ein Kiesgarten ist also alles andere als ein Schneckentummelplatz. Und wenn das alles nichts hilft? Igel und Kröten fördern, was nie verkehrt ist.

WILDBLUMENWIESE – TUMMELPLATZ FÜR INSEKTEN

Eine faszinierende Welt eröffnet sich uns beim Thema Wiesen, welche unsere mitteleuropäische Kulturlandschaft prägen. Im Gegensatz zu Blühmischungen ist eine Wiese langfristig und wird bei richtiger Pflege immer schöner.

Eine Wiese ist genau das Gegenteil von einer Rasenfläche. Sie enthält viele heimische Blühkräuter und wenige Gräser. Wiesenpflanzen benötigen einen mageren Standort, also geringe Nährstoffversorgung – Düngen ist tabu, sonst verschwinden die Wildpflanzen wieder. Von solchen Wildblumenwiesen profitieren auch Insekten, von denen wiederum die Vögel leben. Die Anzahl von Insekten und anderen Kleintieren ist auf einer Blumenwiese etwa 10- bis 20-mal höher als auf einer gewöhnlichen Rasenfläche.

WIESEN-SAATGUT

Kennt man einen Landwirt, der noch auf traditionelle Weise Heu macht und über den Winter einlagert, sollte man dort mal genau hinsehen: Auf dem Heuboden liegen viel Samen herum, die wir für die Einsaat verwenden können. Wichtig dabei ist, dass seine Wiesen nicht nur aus Gräsern, sondern auch aus Wildkräutern bestehen. Will man Wiesensamen kaufen, sollte das Saatgut standortgerecht ausgesucht werden und unbedingt ganz speziell auf die regionale Vegetation angepasst sein (autochthon). Solches Saatgut erhält man im Spezialhandel (Bezugsquellen siehe S. 121).

GEBIETSHEIMISCHES SAATGUT

Pflanzen, die sich in einem bestimmten Naturraum entwickelt haben und damit zu einer genetische Vielfalt mit örtlichen Anpassungen beigetragen haben, werden als autochthon (gebietseigen) bezeichnet. Einige zertifizierte Produzenten haben sich darauf spezialisiert. Ab 2020 darf in der freien Landschaft nur noch derartiges Saatgut ausgebracht werden (Ausnahmen sind Forst und Landwirtschaft). Gleichzeitig wächst die Bedeutung von Siedlungen als wertvolle Lebensräume für Blütenbesucher, die auf heimische Pflanzen angewiesen sind und in der heutigen Agrarlandschaft immer weniger Nahrung und Lebensraum finden. Wollen wir die heimische Tierwelt fördern, so ist es mehr als sinnvoll, dieses Saatgut auch in urbanen Bereichen zu verwenden.

VOM RASEN ZUR WIESE

Die Fläche sollte auf keinen Fall zu klein sein und man muss sich Zeit lassen, das lehrt die Erfahrung. Ein Entfernen der Vegetationsschicht ist nicht nötig. Es wird nur der umzugestaltende Bereich kurz gemäht und das Schnittgut entfernt. Jetzt wird die Fläche gefräst. Gut wäre ein Beginn

im Juni oder Juli, dann könnten die Wurzeln der alten Grasschicht in der Sommerhitze austrocknen. Nach ungefähr vier Wochen ist der Vorgang zu wiederholen. Im September das Saatbeet mit einem Krail bearbeiten; falls noch größere Grassoden vorhanden sind, diese entfernen.
Bei nährstoffreichen Böden sollte das Ganze noch abgemagert werden. Dazu um die 5 bis 10 cm Sand auf der Fläche verteilen und untermischen. Als letzter Schritt erfolgt mit einem Rechen die Planie, danach wird mit 1,5 g/m² Wildblumen-Saatgut eingesät und abgewalzt. Gießen müssen wir nicht, da diese Jahreszeit feucht genug ist. Mit etwas Glück keimen die ersten Pflanzen noch im Herbst, ganz sicher aber dann im Frühling. Nun heißt es sich gedulden, eine Wiese braucht mindestens 1,5 Jahre, bis sie ihrem Namen gerecht wird. Übrigens: Saatgut einfach auf eine bestehende Rasenfläche auszustreuen, funktioniert überhaupt nicht!

Geduld ist gefragt: heimische Wiese drei Jahre nach der Ansaat

PFLEGE EINER WIESE

Im ersten Jahr, also kurz nach der Ansaat, ist einmalig ein sogenannter Schröpfschnitt notwendig. Dazu verwendet man einen hocheingestellten Rasenmäher und geht über die Fläche. Warum? Meist entwickeln sich neben der Ansaat noch so manch unerwünschte Pflanzen, welche den Wiesenkeimlingen das überlebensnotwendige Licht zum Wachsen nehmen würden. Hat sich der Bewuchs eingependelt, muss eine Wiese nur noch selten gemäht werden. Bei sehr mageren Standorten genügt 1- bis 2-mal, bei fetteren bis zu 3-mal. Dazu eignet sich eine Sense.

Indisches Springkraut breitet sich massiv aus.

NEOPHYTEN UND INVASIVE ARTEN

Neophyten (Neueinwanderer) sind Pflanzen, die aus anderen Erdteilen und Ländern erst nach der Entdeckung Amerikas fester Bestandteil unserer Flora geworden sind. Oft wurden diese unbeabsichtigt durch den Handel eingeschleppt, mache sind aber auch sogenannte Gartenflüchtlinge. Sie wuchsen zunächst als Zierpflanzen in den Gärten, und von dort aus starteten sie ihren Eroberungszug in unsere Landschaft. Oft stellen Neophyten ein ökologisches Problem dar. Da sie keine Fressfeinde haben, werden sie nicht eingedämmt und verbreiten sich teils massiv. Sie werden invasiv. Beispiele hierfür sind das Indische Springkraut *(Impatiens glandulifera)*. Alle Pflanzen, die vor 1492 in unsere Natur gewandert sind, oft durch die Römer eingeschleppt, nennt man Archäophyten (Alteinwanderer). Dazu gehören oft Acker-Beikräuter wie Echte Kamille oder Kornrade.

EIGENE SAMEN

Wenn man Samen kauft, dann sollte man darauf achten, dass sie in Bio-Qualität sind. Denn diese Samen werden nachhaltig und ohne Pestizid-einsatz gezogen. Es lohnt sich im Vorfeld ein wenig zu recherchieren.

Abgesehen vom Saatgutkauf, sind Saatgut-Börsen eine gute Möglichkeit, Samen zu erstehen. Hier tauschen Sammler ihre Schätze aus.

SAMENGEWINNUNG

Spannend und losgelöst vom kommerziellen System ist die Gewinnung von eigenem Saatgut. Das erspart nicht nur Kosten, meist ist dieser Samen auch besser keimfähig. Also los: Bewusst durch Natur und Gärten gehen, schauen, was es zu entdecken gibt und was sich lohnt mitzunehmen.
Das ist prinzipiell auch erlaubt, außer bei Pflanzen, die unter Naturschutz stehen! Samen zu pflücken kann leicht zur Passion werden, denn an Sammelplätzen fehlt es kaum: Das beginnt im eigenen Garten und endet bei Wanderungen durch die Natur. Nur aus fernen Ländern darf man keinen Samen mitnehmen: Zu oft sind diese schon zu Neophyten geworden!
Und denken Sie daran: Je mehr Samen an einer Pflanzen sind, desto mehr kann die Pflanze im eigenen Garten später vagabundieren.
Jede Pflanze hat ihre eigene Samenreife-Zeit. Das hängt auch vom Wetter ab, aber generell sollten wir schon ab Mai die Augen offen halten. Wichtig ist, dass geerntet wird, wenn sich bei Stauden die Samenhüllen braun verfärbt haben. Erst dann ist der Samen reif. Und gesammelt wird nur bei trocknem Wetter, um späteren Schimmelbefall zu vermeiden. Am besten pflückt man die ganze Kapsel vorsichtig, damit die Samen nicht herausfallen. Bei anderen Blütenständen wie einer Dolde muss man beim Ernten geschickt sein, damit so wenige Samen wie möglich herunterfallen. Die Schätze werden separat zum Trocknen an einen warmen, windstillen Ort auf Papier ausgelegt. Nicht aufhängen, da würden die Samen herausfallen. Nach ein paar Tagen sollten die Kapseln gut trocken sein und können ausgeschüttelt werden.

LAGERUNG VON SAATGUT

Sind die Samen gut getrocknet, sollte man sie luftdicht lagern. Dazu eignen sich verschließbare Glasgefäße. Ein Stückchen Papier hinzugeben, um die Restfeuchte noch zu entziehen. Beschriftung – Pflanzenname, Fundort und Datum – nicht vergessen. Dunkel gelagert bleibt das Saatgut länger keimfähig.

VERMEHRUNG MIT EIGENEN SAMEN

Bei Neuentdeckungen ist es sicherlich sinnvoll, diese separat vorzuziehen und nicht gleich ins Beet zu streuen. Man weiß ja noch nicht viel über die Pflanze, kennt weder ihr Keimverhalten noch ihre Keimblätter. Versuchen Sie, die Neuentdeckung zunächst in einer Schale mit Anzuchterde vorzuziehen. Wenn die Pflänzchen groß genug sind, sollte man sie pikieren (vereinzeln) und entweder an Ort und Stelle pflanzen oder in separaten Töpfchen unter Kontrolle wachsen lassen. Ein solcher doch recht aufwändiger Einsatz lohnt sich bei besonderen Stauden. Vielleicht hat man Samen einer fast vergessenen Gartenpflanze bekommen oder von einem botanischen Garten Raritätensamen erhalten.

HYBRIDSAATGUT

Dieses Saatgut kommt überwiegend in der Landwirtschaft zum Einsatz. In der Züchtung wurde es so lange gekreuzt, bis eine „perfekte" Pflanze entstanden ist: robust, mit wohlgeformten Blüten oder Früchten. Nur kann sie diese Eigenschaften nicht weitergeben, die meisten Pflanzen sind sogar steril, also unfruchtbar. Hybridsaatgut eignet sich überhaupt nicht für einen Vagabunden-Garten.

Reifer Akelei-Samenstand

Blumensamen aus dem Landhausgarten: Bartnelke, Ringelblume, Kronen-Lichtnelke, Akelei und Mohnkapseln

PFLEGE DER SAAT- UND PFLANZFLÄCHEN

Es gibt im Garten ganz unterschiedlichste Pflegegänge, je nach Gartensituation: vom Jäten bis hin zum Abschneiden der Pflanzen – alles zu seiner Zeit. Starten wir mit den Keimlingen.

DIE DYNAMIK BEGINNT …

Im Frühling sprießt und wächst es kräftig und schnell. Die Pflanzen müssen sich in ein paar Monaten komplett entwickeln und vermehren. Stauden schieben ihre grünen Blätter, die ersten Winzlinge keimen. Nun heißt es wachsam sein und das Wuchsverhalten genau beobachten. Die mehrjährigen Pflanzen, die wir schon aus den Jahren zuvor aus den Beeten kennen, sind uns wohlvertraut: Wir freuen uns, dass sie endlich das Frühjahr einläuten. Aber wer sind all die vielen anderen Pflänzchen? Ruhe bewahren und beobachten: Lassen Sie die kleinen Pflanzen größer werden, um sie besser zu erkennen. Sie können in dem Stadium noch keinen Unfug anstellen. Spätestens wenn sie Samen ansetzen, muss jedoch klar sein, ob sie bleiben dürfen oder weg müssen! Ausnahmen sind Wurzelunkräuter. Ihnen muss man sofort nachgehen. Keimlinge haben den Wesenszug, dass die sogenannten Keimblätter oft

Checkliste

KEIMLINGSSTADIUM

- ☐ Für genügend Licht sorgen.
- ☐ Der Boden muss feucht bleiben, bei längeren Trockenperioden wässern.
- ☐ Keimlinge teilweise vereinzeln oder umpflanzen.
- ☐ Schnecken im Auge behalten und entfernen.

Ein Rückschnitt bremst die Bildung von Samen.

Kleine Pflänzchen können vorsichtig versetzt werden.

völlig anders aussehen als die späteren Blätter der erwachsenen Pflanzen. Im Laufe der Jahre lernt man gute von weniger guten Pflanzen zu unterscheiden (siehe Umschlagklappen).

Wie lange sollte man damit warten, Jungpflanzen zu beseitigen?

- Wurzelunkräuter sofort nachgraben.
- Keimlinge beobachten und erst dann handeln.
- Vorsicht beim Jäten: Kleine Pflänzchen oder frühe Zwiebelblüher nicht verletzen.

WURZELUNKRÄUTER

Wurzelunkräuter sind Arten, die ein dichtes, unterirdisches Wurzelnetz bilden, sich damit im Boden fest verankern und mitunter große Teppiche bilden können. Sie zählen zu den mehrjährigen Pflanzen und vermehren sich über unterirdische Ausläufer oder andere Wurzelorgane. Zu den Wurzelunkräutern gehören Acker-Schachtelhalm, Ackerwinde, Brennnessel und Giersch.
Um sie zu entfernen, muss man viel Geduld mitbringen. Der Einsatz von Herbiziden ist grundsätzlich abzulehnen. Die Wurzeln dieser ungeliebten Beetbegleiter sind meist weiß, somit sieht man sie wenigstens. Sie haben die unangenehme Eigenschaft, dass sie beim Entfernen oft abreißen und dann wieder austreiben. Je lockerer der Boden, desto erfolgreicher kann man sie entfernen. Man muss ihnen mühsamst nachgraben und auch die Blätter dezimieren, um sie zu schwächen. Vergisst man beim Jäten nur ein kleines Teilchen im Boden, entsteht daraus wieder eine neue Pflanze. Derartige Bereiche darf man niemals fräsen: Aus jedem Wurzelstückchen würde ein neues Kraut entstehen. Grundsätzlich muss man akribisch jeder Wurzel nachgehen. Zunächst am besten mit einer Garten-Gabel den Bereich umgraben, da man damit am wenigsten Wurzeln trennt. Wenn der Boden sehr lehmig ist, ist dies tatsächlich schwer, da die Wurzeln leicht abreißen. Es gibt aber noch eine weitere Möglichkeit, die allerdings über mehrere Jahre geht: Eine dicke organische Mulchschicht, zum Beispiel Holzhäcksel, aufbringen. Denn die Wurzeln wachsen nur in den ersten 10 bis 20 cm, schaffen sich also nach oben. Einmal in dem lockeren Material, kann man sie einfach herausziehen. Zu hundert Prozent wird

Ackerwinden vermehren sich über lange Wurzeln.

man sie aber leider nicht los. Bei lockeren Böden schafft man den Kampf ganz gut und erwischt oft den gesamten Wurzelstrang. Sinnvoll ist, es nach getaner Arbeit, den Bereich ungefähr zwei Wochen noch unbepflanzt zu lassen, denn in der Zwischenzeit würden vergessene Wurzelstücke austreiben, und man kann sie in einem zweiten Durchgang entfernen. Da die Wurzeln bei Bodenkontakt sofort wieder keimen, darf man sie auf keinen Fall auf den Kompost werfen.

„KRAUT" ODER „UNKRAUT"?

Eigentlich lebt ein Vagabunden-Garten von Keimlingen. Da gibt es zum einen unsere versamenden Zierpflanzen, welche wir ganz bewusst durch Initialpflanzen oder Saat eingebracht haben und die nun auf Wanderschaft im Garten gehen. Dann sind da aber auch welche, die plötzlich auftauchen, obwohl wir sie nie ausgesät haben – meist Wildpflanzen. Deren Samen werden über Wind oder Tiere verschleppt. Die meisten unserer Heimischen sind ausgesprochen schöne Blumen mit Wildcharakter und zugleich höchstem ökologischen Wert für Insekten, Vögel und andere Tiere. Doch unter diesen kann sich schon auch mal eine lästige Pflanze befinden. Diese sollte man im Frühstadium ausdifferenzieren. Tatsache ist, dass es viele Pflanzen gibt, welche ökologisch ihren Sinn haben, aber im Garten nicht nur erdrückend, sondern fatal werden können. Ein Beispiel ist die Acker-Kratzdistel *(Cirsium arvense)*. Sie sieht ganz hübsch aus und ist sie eine ausgespro-

So ist es richtig: alle Wurzeln erwischt!

Disteln müssen herausgestochen werden.

chen beliebte Nektarpflanze für Schmetterlinge, im Herbst holen Distelfinken die Samen. Von daher würde nichts gegen sie sprechen. Aber in einem Beet mit offenen Stellen würde sie diese schnell schließen. Zum einen durch ihre leichten, wolligen Samen, welche weit fliegen und jede Lücke zum Keimen finden. Zum anderen über ihre Wurzelausläufer. Würden wir diese Distel gewähren lassen, wäre bald nichts anderes mehr da. Somit zählt sie im „Ziergarten" zu den unerwünschten Wildkräutern.

VOM RICHTIGEN JÄTEN

Wie vorher schon beschrieben, haben Keimlinge anfangs andere Blätter als später. Neben den eigenen Beobachtungen, die Sie im Laufe der Zeit machen müssen, sind in der hinteren Buchklappe einige Mini-Pflanzen aufgezeigt. Doch es bleibt einfach nicht aus: Man muss genau hinsehen und lernen. Haben wir massenweise nicht vorgesehene Jungpflänzchen, müssen wir zunächst herausfinden, was das ist. Beispielsweise die Gewöhnliche Vogelmiere *(Stellaria media)*, dann geht es nicht anders als diese einzudämmen. So hübsch sie auch ist, lieber bald einschreiten, als dass es zur Invasion kommt. Eine Möglichkeit ist, die ganz kleinen Keimlinge zu zupfen, was etwas mühsam ist. Schneller geht es, leicht oberflächlich zu hacken und damit die Keimlinge aus dem Boden zu lösen. Dies macht man am besten bei noch feuchtem Boden, dann geht es am besten. Gut wäre danach heißes, sonniges Wetter. Dann kann man die gehackten Keimlinge einfach liegen lassen. Sie werden mit den Wurzeln auf der Fläche vertrock-

KEIMLINGE VON GEHÖLZEN

Auch Bäume und Sträucher vermehren sich über Samen. Und viele haben ganz besondere Methoden entwickelt, um so weit wie möglich zu fliegen. So hat beispielsweise ein Berg-Ahorn geflügelte Nüsschen, die weit spiralig durch die Luft flattern. Es gibt bei den Gehölzen einige, die im Garten ausgesprochen lästig werden können, wenn man sie nicht bald entfernt. Denn sie haben die Eigenschaft, schnell eine kräftige Pfahlwurzel auszubilden und sich gut im Erdreich damit zu verankern – und sie treten oft in Massen auf. Im Auge behalten sollte man Keimlinge von Ahorn, Weide, Pappel, aber auch Birke (Foto) oder Esche.

nen. Ehe man sich versieht, sind sie verrottet. Bei Bedarf kann man den Vorgang zweimal durchführen.
Wartet man, bis sie größer sind, weil man unsicher ist, was es ist, muss man einzeln händisch jäten. Je größer die Pflanze, desto eher brauchen wir ein Schäufelchen. Wichtig ist: Bevor unliebsame Wildkräuter sich versamen können, sollten sie entfernt werden.

SINNVOLLES WERKZEUG

— Grabegabel zur groben Bodenbearbeitung.
— Kleingrubber mit Stil zum gezielten Hacken.
— Pendelhacke zur schnellen Entfernung von Keimlingen, eher großflächig.
— Unkraut-Stecher zum gezielten, manuellen Entfernen von tiefwurzelnden Beikräutern.
— Schmale Pflanzkelle, kann man auch gut zum Verpflanzen verwenden.
— Sense mit einem Wiesen- und Staudenblatt.

ARBEITEN IM JAHRESLAUF

Wir Menschen neigen zu ordnenden Prinzipien. Es macht Sinn, Pflanzflächen vom Rand aus zu pflegen, an den Seiten eine gewisse Ordnung zu schaffen und eine wilde Mitte beizubehalten. Design lebt zudem von Kontrasten – es sollte nicht überall alles ganz wild wachsen dürfen: Eine wilde Blühfläche neben einem ruhigen Kiesbereich, eine artenreiche Wiese neben einem kurz gehaltenen Rasenweg oder ein üppiges Staudenbeet vor einer architektonisch geschnittenen Hecke oder einer Mauer.

DIE WACHSTUMSPHASE

Wurde nicht anfangs versprochen, dass dieses Gartenkonzept pflegleicht ist, dass wir uns entspannen sollen im Vagabunden-Garten? All das klang für einen Unerfahrenen bisher eher nach mehr als weniger Arbeit. Dem ist aber nicht so. Richtig ist, dass wir die Beete im ersten Standjahr und dann immer wieder im Frühling etwas aufmerksamer beobachten und gezielt auch mal eingreifen müssen – Stichwort Jäten. Nach dem Frühjahrspflege-Durchgang werden wir uns nur noch selten einmischen. Man kann sagen: Je reifer ein Garten, desto weniger Pflege ist nötig.
Nun soll erst einmal alles wachsen und gedeihen. Voller Spannung beobachten wir, wie es sich entwickelt. Jetzt sind aber auch Fantasie und Kreativität gefordert: Sich vor dem inneren Auge das Beet vorstellen, wie es in ein paar Wochen aussehen könnte. Nur ab und zu, wenn nötig, lenkend die eine oder andere schon größere Pflanze entfernen oder umpflanzen.
Aber keine Angst, man kann nichts falsch machen. Ist man zu zögerlich, bricht das Konzept auch nicht zusammen, es sieht nur anders aus. Der „antiautoritäre“ Garten gestaltet sich sowieso selbst.
Auf große Blattrosetten darf man ein besonderes Augenmerk legen. Deren Strategie ist es, sich Konkurrenz auf Abstand zu halten, indem sie großflächig und sehr bodennah alles abdunkeln. Wenn also beispielsweise in der Nähe einer sich entwickelnden Rosette eines Fingerhuts kleinste Akelei-Keimlinge wachsen, muss man sich entscheiden: Sollen an der Stelle die Akeleien die zentrale Rolle spielen, so muss der Fingerhut raus. Ist mir der Fingerhut wichtiger, dann brauche ich gar nichts tun – die Arbeit übernehmen nun die

Salbei mit Tochterpflanze: Vorsichtig umpflanzen!

01

02

grundständigen Blätter. Gießen ist in dieser Phase kaum noch nötig, da standortgerechte Vegetation ausgewählt wurde. Lediglich bei absoluter extremen Frühjahrstrockenheit ist zu wässern, bevor unsere Wanderer schlapp machen.

DAS BLÜHSTADIUM

Je nach Art schieben nun die Blüten. Jetzt heißt es nur noch genießen, sich an den Blumen, den Farben und den nun anfliegenden Wildbienen und Schmetterlingen erfreuen. Sie übernehmen die wichtige Aufgabe der Bestäubung und Befruchtung: Es sollen sich ja viele Samen bilden. Ab jetzt haben wir in den Beeten eigentlich nichts mehr verloren: Wir würden mehr beschädigen und zertreten, als etwas positiv zu bewirken. Lediglich von der Seite könnte man, wenn es wirklich nötig ist, störende, überhängende Pflanzen zurückschneiden. Aber wie immer: keine Regel ohne Ausnahme. Es gibt ein paar Blüher wie den Steppen-Salbei, die, wenn man sie nach der Blüte abschneidet, ein zweites Mal blühen. Dieses Verhalten finden wir bei Stauden, die meist vom Naturstandort aus Wiesengesellschaften kommen. Dort werden sie von Kühen abgefressen und blühen im Herbst nochmals – nur nicht mehr so prächtig. Bei Einjährigen wäre es folgenschwer, die Blüten zu entfernen.

DIE PHASE DER SAMENSTÄNDE

Gegen Ende des Sommers sind nun die meisten Blumen verblüht und Samenstände sind an deren Stelle getreten. Stehen lassen – die Samen sollen sich mit all ihren eignen Techniken weit im Garten ausstreuen. Manche werden vom Wind verweht und kommen zum Keimen an neue Plätze, andere fallen einfach von der Mutterpflanze herunter. Der Beginn der Dynamik! Selbstverständlich ist jetzt auch die Zeit, Samen zu sammeln, um sie gezielt an einem anderen Platz auszusäen, im nächsten Jahr wiederzuverwenden oder an Freunde zu verschenken. Für Zweijähre und ein paar Spezialisten ist die nun die einzige Möglichkeit, sich zu erhalten. Denn sie sterben nach dem Blühen ab.
Auch aus ökologischer Sicht ist es wichtig, die Samenstände stehen zu lassen. Die kleinen Nüsschen und Samen sind für viele Vögel eine wichtige Futterquelle im Herbst und Winter. Außerdem sind die meist hohlen Stängel – beispielsweise

03

04

der Königskerze – Überwinterungsort vieler Laven und Insekten. Standstarke Blütenstände bleiben den ganzen Winter über, aber die meisten Blätter verrotten erfahrungsgemäß. Das macht das Gartenleben doch bequem: Man fördert die Vielfalt und hat weniger Arbeit. Zudem bringen sie Leben und spannende Strukturen in der meist tristen Jahreszeit in den Garten.

01 Die ersten Samen bilden sich im Sommer heraus; gezielt kann man nun diese im Beet zum Trocknen ernten.

02 Samen müssen reif sein, bevor man sie erntet: Dann sind sie meist braun und lösen sich von selbst.

03 Stehengelassene Pflanzenteile sind nicht nur ökologisch wichtig, sie sehen auch dekorativ aus.

04 Von Raureif überzogene Samenstände der Wilden Karde sind im Winter ein ganz besonderes Highlight.

SPÄTWINTER, ZEITIGES FRÜHJAHR ...

Ist die kalte Jahreszeit vorbei und der Schnee weg, sitzen die ersten Pflänzchen in den Startlöchern. Jetzt genau der richtige Zeitpunkt, das Staudenbeet zu räumen. Noch sind die zeitigen Frühjahrsblüher wie Krokusse nicht zu sehen, aber das kann schnell gehen. Wenn sie da sind, ist es oft schwierig um sie herum zu arbeiten. Auch manche Staude treibt früh aus: Je kleiner sie noch ist, umso einfacher tun wir uns mit dem Frühjahrsputz. Für überschaubarere Flächen werden nun die Stängel und restlichen Blätter mit der Gartenschere abgeschnitten. Für größere Flächen eignet sich die Nutzung einer Sense mit einem speziellen, etwas härteren Staudenblatt. Damit ist Bücken überflüssig und es geht schnell. Bitte keinen Rasenmäher verwenden, in manchem Trockengut befinden sich noch Tiere, die zu Schaden kommen würden. Die abgeschnittenen Pflanzenteile werden abgeräumt, dürfen aber vereinzelt auch noch liegen bleiben. Die Blätter vorsichtig, am einfachsten mit einem Laubrechen, aufnehmen und alles auf den Komposthaufen legen, auf keinen Fall häckseln. Damit geben wir den Tieren dort die Möglichkeit, sich fertig zu entwickeln und zu schlüpfen. Wenn nun ja noch Saatgut in den Pflanzen war, dann kommt es damit automatisch in den Kompost. Später, wenn er verrottet ist, und an anderer Stelle aufgebracht wurde, kann es somit passieren, dass die eine oder andere Pflanze dort dann keimt. Welche Überraschung!

SERVICE

GLOSSAR

Annuelle Damit sind einjährige Pflanzen gemeint (lat. annus, das Jahr), welche innerhalb einer Vegetationsperiode keimen, wachsen, blühen und für die nächste Generation Samen produzieren. Danach sterben sie ab.

Ausläufer Manche Pflanzen haben oberirdische oder unterirdisch kriechende Seitensprosse, welche bei Bodenberührung anwachsen. Damit vermehren sie sich ungeschlechtlich, vegetativ. Ein bekanntes Beispiel ist die Erdbeere.

Autochthone Pflanzen Heimische Pflanzen, die in ihrem aktuellen Ausbreitungsgebiet ohne menschlichen Einfluss evolutiv entstanden sind.

Bienne Zweijährige Pflanzen, welche im ersten Jahr ihre Blätter ausbilden und erst im zweiten Jahr zur Blüten kommen. Dann sterben sie ab. Vorher haben sie über viele Samen für die Zukunft vorgesorgt.

Black-Box-Gardening Dieser Begriff leitet sich von der „Black Box" ab, von der man nicht weiß, was sich in ihr befindet. Auf Gartenpflanzen bezogen bedeutet dies, dass man nicht weiß, was passiert und in welche Richtung sich eine Bepflanzung entwickelt.

Guerilla Gardening Als Form des politischen Protestes wurde zunächst in Großstädten wie London heimlich auf öffentlichen Grünflächen Saatgut ausgebracht. Später haben die Garten Guerilleros sogenannte Seed-Balls entwickelt, welche man schnell und unbemerkt sogar auf belebte Plätze werfen kann: tonig-erdige Kugeln mit Samen von schnell keimenden Vagabunden.

Initiale Pflanzen Bei der Verwendung von gut und leicht versamenden Arten können wir diese initial setzen, das heißt, wir pflanzen nur ein paar Exemplare und nutzen sie als „Auslöser", die in Zukunft durch Selbstaussaat eine größere Anzahl von neuen Pflanzen hervorbringen werden.

Invasive Pflanzen Pflanzen, welche bewusst oder unbewusst vom Menschen in fremde Regionen eingeführt werden und sich als biologische Invasion herausstellen. Sie können durch ihre Ausbreitung – meist ohne natürliche Feinde – das natürliche Ökosystem gefährden.

Neophyten Auch neobiotische Pflanzen genannt. Der Begriff kommt aus dem Griechischen und bedeutet „neu" und „Leben". Damit bezeichnet man Pflanzen, welche nach der Entdeckung Amerikas, 1492, der Neuen Welt, bei uns in der Flora Einzug gehalten haben. Pflanzen, die vorher aus anderen Kontinenten wie Afrika oder Asien zu uns kamen, heißen Archäophyten.

Ökotypen In der Pflanzenwelt werden damit gleiche Arten bezeichnet, die jeweils unter anderen Umweltfaktoren, andere Ausprägungen entwickelt haben, um sich an ihre Umgebung bestmöglich anzupassen. Beispiel: Eine Schafgarbe an der Ostsee hat ein anderes Erscheinungsbild als eine aus den Allgäuer Alpen. Diese Erkenntnis ist sehr wichtig bei der Verwendung heimischer Pflanzen.

Ruderale Vegetation Diese wächst an Standorten, welche tiefgreifend verändert und deren Bodengefüge stark gestört wurden. Dies kann durch den Menschen, aber auch durch Naturgewalten erfolgt sein, zum Beispiel Erdrutsche. Bezeichnend ist, dass in diesen Bereichen zunächst keinerlei Vegetation vorhanden ist. Die sich nun ansiedelnden Pflanzen, sogenannte Erstbesiedler, sind auf solch magere, oft lebensfeindliche Standorte spezialisiert.

Standortamplitude Es gibt Pflanzen, welche nur an einem ganz bestimmten Standort mit besonderen Gegebenheiten wachsen. Das sind die meisten Arten. Aber es haben sich in der Pflanzenwelt auch Arten herausgebildet, welche an fast allen Bereichen wachsen können – von Trockenen bis feuchtem Boden beispielsweise.

Steril Durch vom Menschen züchterisch veränderte Blüten, oft zu Gunsten einer extremen Fülle, sind oft nicht fruchtbar: Sie können sich nicht mehr über Samen vermehren. In einem antiautoritären Garten sind besonders die versamenden Arten entscheidend. Sterile Pflanzen haben in diesem Vagabunden-Garten nichts zu suchen.

ZUM WEITERLESEN

Chatto, Beth: **Der Kiesgarten. Gärtnern auf trockenem Standort.** Ulmer

Hertle, Bernd: **Kiesgärten. Blütenpracht ohne Gießen.** GU

Hitchmough, James: **Sowing Beauty. Designing Flowering Meadows from Seed.** Timber Press

Kühn, Norbert: **Neue Staudenverwendung.** Ulmer

Lloyd, Christopher: **Wiesen.** Ulmer

Oudolf, Piet und Gerritsen, Henk: **Dream plants for a natural garden.** Frances Lincoln

Rainer, Thomas und West, Claudia: **Planting in a post-wild world. Designing plant communities for resilient landscapes.** Timber Press

Reif, Jonas und Kreß, Christian: **Blackbox Gardening. Mit versamenden Pflanzen Gärten gestalten.** Ulmer

Witt, Reinhard: **Nachhaltige Pflanzungen und Ansaaten. Kräuter, Stauden und Sträucher für Jahrzehnte erfolgreich gärtnern. Mit Unkrautlexikon.** Verlag Dr. Reinhard Witt

NÜTZLICHE ADRESSEN

Saatgut
www.bingenheimersaatgut.de
www.jelitto.com
www.kiepenkerl.com
www.rieger-hofmann.de
www.saatgut-manufaktur.de
www.shop.arche-noah.at
www.shop.hof-berggarten.de
www.sperli.de
www.syringa-pflanzen.de

Zwiebelblumen
www.albrechthoch-shop.de
www.gewiehs-blumenzwiebeln.de

Stauden
www.allgaeustauden.de
www.foerster-stauden.de
www.graefin-von-zeppelin.de
www.pflanzenversand-gaissmayer.de
www.sarastro-stauden.com
www.stauden-augustin.de
www.stauden-kopf.at

Saatgut-Tauschbörsen
www.saatgut-tauschen.de
www.saatgutkampagne.org
www.tauschgarten.de

Organisationen
www.bluehende-landschaft.de
www.bund.net
www.nabu.de

REGISTER

Hervorgehobene Seitenzahlen verweisen auf Abbildungen.

A

B

C

D

E

F

G

H

I

J

K

S

T

U

V

W

BILDNACHWEIS

Mit 163 Farbfotos im Innenteil von **Otmar Diez**, Sulzthal: 105 (alle drei); **Flora Press:** /Annette Lepple: 41 li.; /Barbara Ellger: 94 o.; /Bildagentur Beck: 73 re. u.; /BIOSPHOTO: 107 o. li.; /Bodo Butz:104 re.; /Daniela Kunze: 113 u.; /Derek Harris: 92 mi.; /Edition Phönix: 67 re.; /Flowerphotos/Carol Sharp: 24; /Flowerphotos/Sue Kennedy: 17 re. o.; /FLPA: 11 re. o.; /gartenfoto.at: 29, 59 re., 77 re., 111 u.; /GWI: 6/7, 42; /Helga Noack: 65 u.; /John Glover: 119 re.; /Jonathan Buckley: 80 re.; /Karin Goldbach: 28 re.; /Kramp + Gölling: 66 o.; /Liz Eddison: 26/27; /Martin Hughes-Jones: 34 o., 57 u., 70 o., 74 u., 85 o.; /Matthew Bruce: 12; /Nature In Stock: 3; /Nova Photo Graphik: 75 o.; /Otmar Diez: 65 o., 71 re.; /Perdereau: 82/83; /Royal Horticultural Society: 104 li.; /Sonja Bannick: 40; /Thomas Dupaigne: 76 li.; /Ute Klaphake: 43, 69 o.; /Visions: 51 re., 56 li., 89 o.; **GAP Photos:** 33 o., 61 u.; 114 u., 118 li.; /Bjorn Hansson: 45 o.; /Carole Drake: 101 u.; /Charles Hawes: 56/57, 60 u.; /Fiona Lea: 21; /Fiona McLeod: 99; /Fiona Rice: 74 o.; /Gary Smith: 15 o., 30 u.; /Howard Rice: 2, 32, 81 u., 83 re. u., 100, 117; /Sue Heath: 92 li.; /Dave Bevan: 89 u.; /Jan Smith: 35 o.; /Janet Johnson: 11 re. u.; /Jerry Harpur: 60 o.; /Jo Whitworth: 37 o.; /Joe Wainwright: 8, 28 li.; /John Glover: 41 re.; /Jonathan Buckley: 37 u.; /Julia Boulton: 96; /Juliette Wade: 66 u.; /Lynn Keddie: 68 u.; /Marcus Harpur: 33 u.; /Mark Bolton: 31 o.; Martin Hughes-Jones: 49 o., 50/51, 73 re. o; /Nicola Stocken: 30 o.; /Pernilla Bergdahl: 18 li.; /Peter Stanley: 113 o.; /Rob Whitworth: 45 u., 67 li.; /Robert Mabic: 4, 11 li.; /Suzie Gibbons: 73 li. u.; /Tim Gainey: 20; **Frank Hecker**, Panten-Hammer: 116 o. li., 116 u.; **Simone Kern**, Argenbühl: 48, 49 u., 50 li., 54 u., 57 re. o., 58/59, 61 o., 70 u., 73 li. o., 80 li., 81 o., 84 u., 85 u., 88, 93, 101 o., 102/103, 107 u. li., 107 u re., 109, 111 o., 114 o., 118 re., 119 li.; **Carolin Küßner**, Lindau: 16 li. o., 16 li. u., 23 u., 68 o.; **mauritius images:** /CuboImages/Paroli Galperti: 84 o.; /Dorling Kindersley ltd/Alamy: 52 u.; /Fir Mamat/Alamy: 71 mi.; /Garden World Images/Trevor Sims: 83 re. o.; /John Glover/Alamy: 71 li.; **Optigrün international AG:** 76/77; **Rieger-Hofmann® GmbH:** 94 u.; **Manfred Ruckszio**, Taunusstein: 115, 116 o. re.; **Shutterstock:** /ahmydaria: 47 o.; /atiger: 75 u.; /BergeImLicht: 22/23; /Busilik: 55 u.; /ChWeiss: 35 u.; /Dale Stephens: 107 o. re.; /DSGNSR1: 44 u.; /Eag1eEyes: 62 o.; /footageclips: 90 o.; /Iva Vagernova: 86 u.; /junrong: 62 u.; /Kamrad71: 46 u.; /Kostyantyn Ivanyshen: 53 o.; /LianeM: 47 u.; /Martin Fowler: 53 u.; /mizy: 46 o., 78 o.; /Nadezhda Nesterova : 38 u.; /Ole Schoener: 31 u., 34 u., 52 o.; /PEACE ECOLOGY: 69 u.;/R. Maximiliane: 86 o.; /Roel Meijer: 55 o.; /Ruud Morijn Photographer: 38 o.; /SariMe: 36 o.;/Skowronek: 90 u.; /Stella Kong: 16/17; /Stephane Bidouze: 44 o.; /SusaZoom: 36 u.; /Tupungato: 25; /TYNZA: 54 o.; /zprezech: 78 u.

Mit 12 Illustrationen im Innenteil von Monika Klars, Dessau.

Mit 28 Farbfotos auf den Klappen:
Klappe vorne außen: GAP Photos/Joanna Kossak (Heil-Ziest)
Klappe vorne innen: GAP Photos (Goldmohn: Jungpflanze); GAP Photos/Jonathan Buckley (Spornblume: Blüte), Frank Hecker, Panten-Hammer (Fingerhut: Jungpflanze); Simone Kern, Argenbühl (Patagonisches Eisenkraut: Jungpflanze; Natternkopf: Jungpflanze); Bärbel Oftring, Böblingen (Akelei: Jungpflanze); Manfred Ruckszio, Taunusstein (Königskerze: Jungpflanze; Spornblume, Jungpflanze; Stockrose: Jungpflanze); Shutterstock/atiger (Fingerhut: Blüte); Shutterstock/Craig Russell (Stockrose: Blüte); Shutterstock/Kostyantyn Ivanyshen (Natternkopf: Blüte); Shutterstock/Mariola Anna S (Akelei: Blüte); Shutterstock/My Sunnyday (Goldmohn: Blüte); Shutterstock/Przemyslaw Muszynski (Königskerze: Blüte); Shutterstock/Real Moment (Patagonisches Eisenkraut: Blüte).
Klappe hinten innen: GAP Photos/Martin Hughes-Jones (Stumpfblättriger Ampfer); Frank Hecker, Panten-Hammer (Acker-Schachtelhalm, Indisches Springkraut); Manfred Ruckszio, Taunusstein (Giersch, Ackerwinde, Ackerkratzdistel, Löwenzahn, Kriechender Hahnenfuß); Shutterstock/Mala Iryna: Beifuß-Traubenkraut; Friedrich Strauss/Strauss, Friedrich (Quecke).

IMPRESSUM

Umschlag- und Klappengestaltung von Gramisci Editorialdesign/Stefanie Wawer unter Verwendung von je einem Farbfotos von GAP Photos/Robert Mabic (Umschlagvorderseite) und shutterstock/Amalia Gruber (Umschlagrückseite: Kartäuser-Nelke). Klappenfoto siehe Bildnachweis.

Mit 191 Farbfotos und 12 Farbzeichnungen.

Alle Angaben in diesem Buch sind sorgfältig geprüft und geben den neuesten Wissensstand bei der Veröffentlichung wieder. Da sich das Wissen aber laufend in rascher Folge weiterentwickelt und vergrößert, muss jeder Anwender prüfen, ob die Angaben nicht durch neuere Erkenntnisse überholt sind. Dazu muss er zum Beispiel Beipackzettel zu Dünge-, Pflanzenschutz- bzw. Pflanzenpflegemitteln lesen und genau befolgen sowie Gebrauchsanweisungen und Gesetze beachten.
Die Blütenfarben sind sortenabhängig, daher können auch Farben auf dem Markt sein, die im Buch nicht genannt werden. Die Blütezeiten sind ebenfalls sortenabhängig, aber auch klima- und standortabhängig. Die angegebenen Wuchshöhen und -breiten der Pflanzen sind Mittelwerte. Sie können je nach Nährstoffgehalt des Bodens variieren. Verschiedene Sorten können deutlich größer oder auch kleiner wachsen als die Art.

Unser gesamtes Programm finden Sie unter **kosmos.de.**
Über Neuigkeiten informieren Sie regelmäßig unsere Newsletter, einfach anmelden unter **kosmos.de/newsletter**

Gedruckt auf umweltfreundlichem Papier, klimaneutral hergestellt.

ISBN 978-3-440-17377-0
Projektleitung: Carolin Küßner
Redaktion: Carolin Küßner
Gestaltungskonzept: Peter Schmidt Group GmbH, Hamburg
Gestaltung und Satz: Katrin Kleinschrot, Stuttgart
Produktion: Klaus Jost
Printed in Austria/ Imprimé en Autriche

print 4 climate® klimafreundlich gedruckt

– produziert nach den Richtlinien des Österreichischen Umweltzeichens, Gugler GmbH, UW-Nr. 609, www.gugler.at

PurePrint®
innovated by gugler* DruckSinn
Gesund. Rückstandsfrei. Klimapositiv.
drucksinn.at

Lust auf mehr Grün? —— Naturnah gärtnern

128 Seiten

Der Klimawandel fordert in allen Lebensbereichen Anpassungen – auch beim Gärtnern. Denn mit veränderten klimatischen Bedingungen, wie z. B. trockeneren und heißeren Frühjahren und Sommern sowie häufigerem Starkregen, Sturm und Wind in den kälteren Jahreszeiten, müssen auch die Pflanzen in unseren Gärten mehr aushalten. Gartenexpertin Simone Kern zeigt, wie das gelingt und was den Garten des 21. Jahrhunderts ausmacht. Robuste Pflanzen, die Wetterextremen trotzen, clevere Bewässerungsstrategien und viele weitere Praxistipps und Anregungen sowie kreative Beetideen machen diesen Ratgeber zum Muss für Hobbygärtner. So wird jeder Garten klimafit.

Das Artensterben hat bedrückende Ausmaße angenommen. Wer etwas dagegen tun möchte, braucht vor allem eines: einen tierfreundlichen Garten mit heimischen Wildpflanzen. Simone Kern zeigt, wie man einen Garten gestaltet, der Vögeln, Insekten und anderen Tieren Lebensraum bietet. Sie stellt Gestaltungsbeispiele für trockene, feuchte, steinige und andere typische Gartenbereiche vor, inklusive Musterbeeten und Einkaufslisten für geeignete Wildpflanzen. Ausführliche Pflanzenporträts informieren u.a. über Standort, Pflege und ökologischen Nutzen von rund 70 heimischen Stauden, Bäumen, Sträuchern und Gräsern.

128 Seiten

kosmos.de